李 映林、季節の仕込みもの

李 映林
Lee Eirin

目次

春

夏の梅

夏 山椒ほか

秋

冬

料理を作る前に

●小さじ1は5ml、大さじ1は15ml、1合は180ml、1カップは200mlです。

●ごく少量の調味料の分量は「少々」で親指と人差し指でつまんだ分量です。

●「適量」はちょうどよい分量、「適宜」は好みで入れなくてもよいということです。

●オーブンは機種によって加熱時間が異なります。表記している時間を目安にして、様子を見ながら加減してください。

●野菜は特に指定のない場合は、洗う、むくなどの作業を済ませてからの手順を説明しています。

●粉唐辛子は韓国産のものを使っています。粗挽きは辛み、中挽きは風味とほのかな甘み、細挽きは鮮やかな色みがつくのが特徴です。

●調味料は特に指定していない場合は、砂糖は甜菜糖、塩は自然塩、酢は米酢、しょうゆは濃口しょうゆ、酒は日本酒、オリーブオイルはエキストラヴァージンオイルを使っています。

料理という言葉はたくさんの意味を含んでいます。
私たちの人生に深く関わる「料理」にはそうした言葉の意味を超える、
語り尽くせない大切な何かがあります。
料理と向き合うとき、自分の中に芽生えるもの、
それは私たちに生きることの美しさと儚さをいつも教えてくれます。
それは人生を肯定する確かな力となっています。

季節ごとの旬の恵みを閉じ込め、少し長く楽しみたい。
そうして毎年繰り返し作る季節の保存食である「仕込みもの」。
繰り返し作っていても、毎年新しい気づきを与えてくれます。
漬け立てはみずみずしく、日を追うごとにまた違った美味しさが増しますが、
保存食が熟成していく時間を早めることはできません。
それは人が成長していくのと、同じことのように思います。

日々の忙しさに取り紛れ、季節が移ろう喜びさえ、
感じることが薄らいでいることもあるでしょう。
旬の恵みを手に取り、常備菜や保存食を仕込むことで、
暮らしの中でかけがえのない何かを感じ取っていただけたら嬉しく思います。

李　映林

はじめに

陽の光、空気、風の香り、木の葉の重なり合う音。
毎日同じように見えても、実は日々違います。
自然を感じながら、旬の食材を手に取り、自分の心と身体に耳を傾けます。
自分はもとより、ともに食べる人を思いながら
料理に向き合うと、料理はいろいろな経験を与えてくれます。

それは、世界が豊かに広がりを持つこと。

まごころを込めて料理を作ることは、真っ直ぐに幸せへと繋がると信じています。
そして料理を通して誰かを癒し、通じ合うこと。
それは日常の中に潜み、普段は隠れてしまっている、小さな奇跡のように思うのです。
その奇跡は世界を広げ、世界を豊かにして生きていく私の力の源泉。
そして心と身体を健やかに整えてくれるものです。

人との出会いも、食材との出会いも、それはかけがえなく、同じものはないのです。
日々季節は移り変わり、人は少しずつ成長し、ともすれば見落としてしまいがちですが、
目を凝らし、耳を澄ませば、一日として同じ日はないことに気づきます。

食べる人のことを思って心を尽くし、季節ごとの恵みに感謝し、
食材を余すことなく使う工夫を凝らす。
季節の過ごし方を気にかけ、食べることで心と身体を整え、食べることを楽しむ。

春

みずみずしい野草や山菜が出回り始めると、心が浮き立ちます。
生命力溢れる山菜のエネルギーを身体に取り込むと、
生まれ変わるように味覚も目覚めさせてくれ、
冬に眠っていた身体とともに心も軽やかに導いてくれます。

春は寒い冬から目覚め、芽吹き始める野菜が主役。
採れ立てのやわらかい春野菜、
山菜の土の香りとほのかに口に広がる甘みと苦み。
そんな新鮮な持ち味を生かした料理がなによりのごちそうです。
春は軽やかな味わいを求めます。
味つけを強くせず、野菜本来の味わいを楽しみます。

まず心が向くのはナムルです。
それぞれの野菜と季節に合わせて調理するシンプルな料理ですが、
ナムルには食材の扱い方の基本が詰まっています。
大切なのは、状態を見極めながら最善の調理法で美味しさを引き出すこと。
旬の食材と対話しながら料理をすることは、豊かな心と身体を育み、
たくさんのことを気づかせてくれるでしょう。

茹でたけのこ ↓ P・014

茹でふき → P・015

豆板醤 ↓ P·015

あさりのサムジャン ↓ P・016

山菜と春野菜、わかめのナムル
↓ P.018

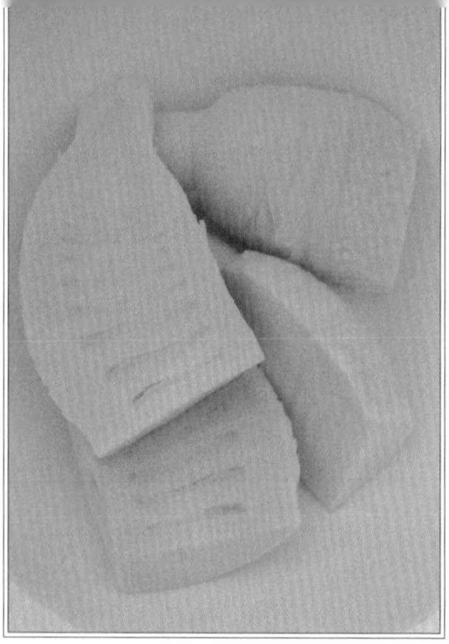

茹でたけのこ

店先でたけのこを見つけると、米糠を準備し、
たけのこの下ごしらえをしたくてソワソワします。
茹でている最中から、糠の甘い香りが広がり、
春の到来を感じることができます。
旬のたけのこはえぐみもなくてやわらかく、
水煮にしておけば、ナムルにしたり、炊き込みご飯にしたりと
春の食卓でいろんな料理を楽しめます。

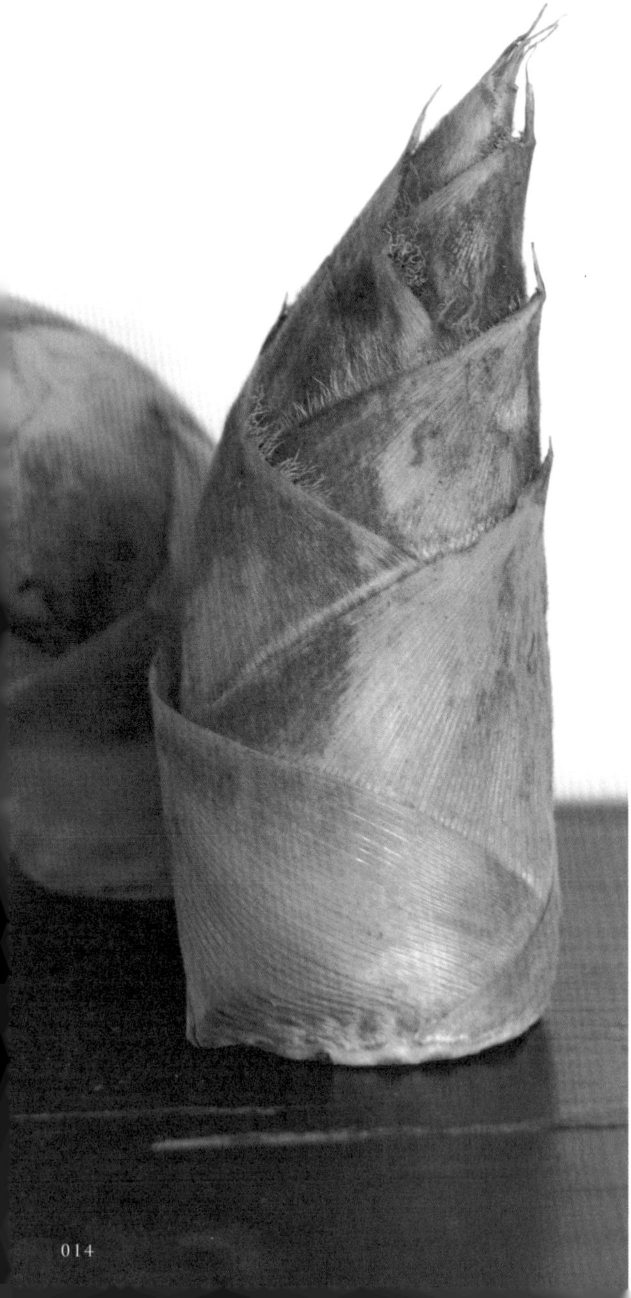

材料(作りやすい分量)

たけのこ…2本
米糠…ひとつかみ
鷹の爪…1本

茹で方

1. たけのこは穂先を斜めに切り落とし、縦に2～3cm深さの切り込みを入れる。
2. 鍋にたけのこを入れてたっぷりの水を注ぎ、米糠、鷹の爪を加えて強火にかける。
3. 煮立ったら中火にして40分ほど煮る。根元に竹串がすっと刺さったら、火を止めてそのまま完全に冷ます(写真)。
4. 冷めたら、米糠を水で洗い流す。1で入れた切り込みから指を入れて皮をむく。
5. 清潔な保存容器に入れ、水を注いで浸す。

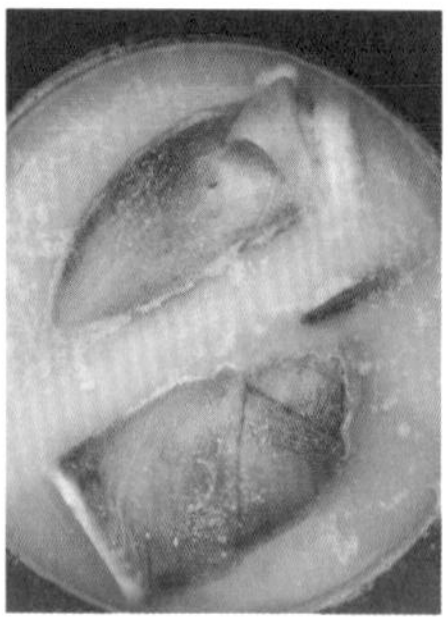

保存期間_　水に浸した状態で冷蔵庫で2～3日保存可能。

茹でふき

独特の香りとほろ苦さ、
シャキシャキとした食感を持つふきは、
春の訪れを感じさせてくれる山菜のひとつ。
たけのこと同様に水煮にして料理に活用します。
酢を加えたコチュジャンで食べたり、
お味噌汁の具にしたり、炊いたご飯に刻んで入れて
塩で軽く味つけするだけでも美味しいです。

材料(作りやすい分量)

ふき…2〜3本
塩…適量

茹で方

1. ふきは葉を切り落とし、茎は3〜4等分に切る。
2. まな板にふきの茎を置き、塩をふって手のひらで転がしながら板ずりする。
3. 鍋にたっぷりの湯を沸かす。2を入れて2〜3分茹で、冷水に取って冷ます。同じ湯でふきの葉も1分ほど茹でて同様に冷水に取って冷ます。
4. 茎が冷めたら茎の太いほうから爪の先を使い、先端の皮をはがすようにしながら、むき残しがないように皮をむく(写真)。
5. 清潔な保存容器に入れ、水を注いで浸す。

保存期間_　水に浸した状態で冷蔵庫で2〜3日保存可能。

豆板醤

4〜6月に旬を迎える空豆の時季。
我が家では1年分の豆板醤を仕込みます。
豆板醤が空豆から作られることを
知らない方が意外に多いのですが、
材料も作り方もいたって簡単です。
仕込んだら、じっくり半年ほど
発酵熟成させて完成です。

材料(作りやすい分量)

空豆…150g(正味)
米麹(乾燥)…50g
塩…25g
粉唐辛子(粗挽き)…25g

作り方

1. 空豆はさやから取り出し、塩適量(分量外)を加えた熱湯で3分ほど茹でる。
2. 米麹はすり鉢で粗くすり、塩を加えて混ぜる。
3. 2に薄皮をむいた空豆を加えて潰し、さらに粉唐辛子を加えて混ぜる。
4. 清潔な保存瓶に入れ(写真)、冷暗所に半年ほど置いて発酵させる。

保存期間_　発酵後、冷蔵庫で1年間保存可能。

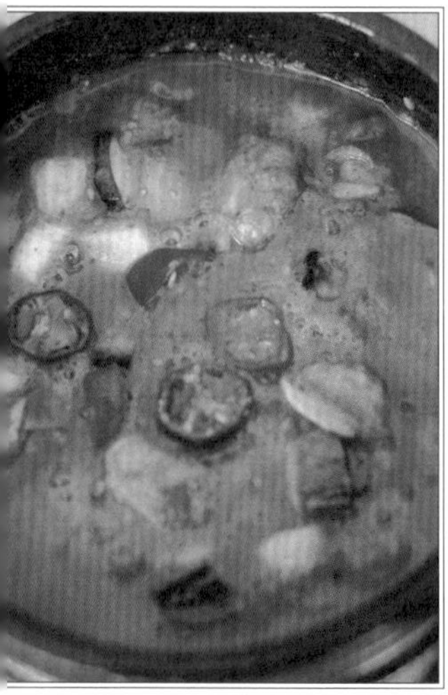

あさりのサムジャン

サムジャンとは、味噌とコチュジャンを混ぜて作る味噌だれ。
このサムジャンをサンチュやえごまの葉に
ご飯やおかずと一緒にのせて包んでいただきます。
春のサムジャンは、あさりの美味しい旨みとだしがたっぷりです。

材料(作りやすい分量)

あさり…200g
韓国かぼちゃ(またはズッキーニ)
…3cm
玉ねぎ…1/6個
酒…大さじ2
水…大さじ2

A
- 味噌…大さじ3
- コチュジャン → P.142
(または市販品)…小さじ2
- 赤唐辛子(生)…1/3本
- 青唐辛子(生)…1/3本
- ごま油…大さじ1
- 白炒りごま
…大さじ1(半ずりする)

作り方

1. あさりは塩水で砂抜きし、殻と殻をこすり合わせてきれいに洗う。
2. 鍋にあさり、酒、水を入れて蓋をして中火にかける。あさりの口が開いたら取り出し、殻から身を外す(写真 a)。蒸し汁は漉して取っておく。
3. 韓国かぼちゃと玉ねぎは粗みじんに切りにし、Aの唐辛子はヘタを取り除いて小口切りにする。
4. 小さな鍋に韓国かぼちゃと玉ねぎ、あさりの蒸し汁、Aを入れて中火にかけて5分ほど煮る。
5. あさりの身も加え(写真 b)、ひと煮立ちさせる。

保存期間_
清潔な保存容器に入れ、
冷蔵庫で3～4日保存可能。

a

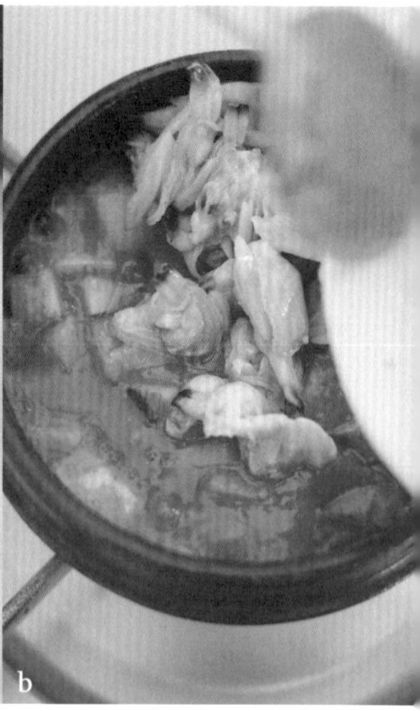

b

あさりのサムジャンと茹でたけのこなどを使って

春のサムパ

葉野菜にご飯やおかずをのせ、
包んで食べる韓国のサムパ。
口の大きさに合わせ、小さめに包むのがコツです。
今回はふきの葉とわかめで、
茹でたたけのこやふきなどを包んで春づくしのサンパに。
さっと茹でた春キャベツで包んでも美味。
あさりの旨みたっぷりのサムジャンを添えます。

材料（作りやすい分量）

茹でたけのこ → P.014 …適量
茹でふきの葉 → P.015 …適量
茹でふき → P.015 …適量
わかめ（生）…適量
あさりのサムジャン → P.016 …適量
温かい玄米ご飯…適量

作り方

1. わかめは熱湯でさっと湯通しし、冷水に取って冷ます。ざるに上げて水気をきり、さらに水気を絞る。
2. ふきの葉やわかめに好みでご飯、ふき、たけのこ、あさりのサムジャンなどをのせて小さく包んで食べる。

ひと口で口に収まる小さめの大きさに包む。

山菜と春野菜、わかめのナムル

芽吹き始めた山菜、春野菜の美味しさはなんといってもほろ苦さ。
春、食欲旺盛な小鳥たちから身を守るため、
苦みを持っているといわれています。
冬の寒さで縮み、強ばった身体を一気に目覚めさせてくれる強さもあります。
そんな山菜は、食感と香りを楽しみたいから、さっと茹でてナムルに。
サンパやキンパにすれば、家族が喜ぶごちそうになります。

保存期間_　清潔な保存容器に入れ、冷蔵庫で2〜3日保存可能。

◎ ふきのとうのナムル

材料（作りやすい分量）

ふきのとう…1パック
塩…適量
A
- えごま（または白炒りごま）…小さじ1（半ずりする）
- ごま油…小さじ1/2
- しょうゆ…少々

作り方

1. ふきのとうは塩を加えた熱湯で色よく茹でる。
2. 冷水に取って冷ます。ざるに上げてさらに水気を絞り、Aで和える。

◎ たらの芽のナムル

材料（作りやすい分量）

たらの芽…1パック
塩…適量
A
- 白炒りごま…小さじ1/3（半ずりする）
- ごま油…小さじ1/3
- しょうゆ…少々

作り方

1. たらの芽はハカマを取り除き、塩を加えた熱湯で色よく茹でる。
2. ざるに上げて冷まし、Aで和える。

◎ こごみのナムル

材料(作りやすい分量)

こごみ…1パック
塩…適量
A［
えごま(または白炒りごま)
…小さじ1/2(半ずりする)
ごま油…各小さじ1/3
しょうゆ…少々
］

作り方

1. こごみは塩を加えた熱湯で色よく茹でる。
2. ざるに上げて冷まし、Aで和える。

◎ たけのこのナムル

材料(作りやすい分量)

茹でたけのこ→P.014…1本
松の実…大さじ1
ごま油…小さじ1/2
塩…適量

作り方

1. たけのこは根元を5mm幅の半月に切り、穂先は縦薄切りにする。
2. 松の実はすり鉢ですり潰す。
3. 1のたけのこをごま油と塩で調味し、松の実で和える。

◎ にんじんのナムル

材料(作りやすい分量)

にんじん…1本
塩…少々
白炒りごま…大さじ1/2(半ずりする)
ごま油…小さじ2

作り方

1. にんじんは皮をむいて5〜6cm長さのせん切りにする。
2. フライパンにごま油を中火で熱し、にんじんを炒める。
3. しんなりしたら塩で味を調え、バットに広げてごまをふる。

◎ うどの酢のナムル

材料(作りやすい分量)

うど…1本
酢…適量
A［
レモン果汁…1/4個分
酢…大さじ3
砂糖…小さじ1/2
塩…少々
］

作り方

1. うどは厚めに皮をむき、5cm長さの薄切りにする。
2. 切ったらすぐに酢を加えた水に10分ほどさらす。ざるに上げ、水気をきってAで和える。

◎ 菜の花のナムル

材料(作りやすい分量)

菜の花…1束
A［
白炒りごま…小さじ2(半ずりする)
ごま油…小さじ2
しょうゆ…小さじ2
］

作り方

1. 菜の花は蒸気の上がった蒸し器で1分ほど蒸し、ざるに広げて冷ます。
2. 水気を絞り、食べやすい長さに切ってAで和える。

◎ わかめのナムル

材料(作りやすい分量)

わかめ(生)…100g
A［
白炒りごま…大さじ1(半ずりする)
ごま油…小さじ1
しょうゆ…小さじ1
］

作り方

1. わかめは熱湯でさっと湯通しし、冷水に取って冷ます。ざるに上げて水気をきり、さらに水気を絞る。
2. わかめを食べやすい長さに切り、Aで和える。

山菜と春野菜、わかめのナムルを使って

春のピビンバ

材料（2人分）

山菜と春野菜、わかめのナムル
→P.018 … 適量
赤貝…適量
錦糸卵…適量
松の実…適量
温かい玄米ご飯…2膳分
木の芽…適宜
［たれ］
小ねぎ…1本（小口切りにする）
しょうゆ…大さじ2
柑橘果汁…大さじ1
酢…大さじ1
白炒りごま…大さじ1（半ずりする）
わさび…小さじ2
砂糖…小さじ1
粉唐辛子（中挽き）…小さじ1
ごま油…小さじ1

作り方

器にご飯をよそい、ナムル、赤貝、錦糸卵をのせて松の実を散らす。好みで木の芽を添え、合わせたたれをかけて食べる。

山菜と春野菜、わかめのナムルと茹でふきを使って

春のキムパ

材料(作りやすい分量)

茹でふき→P.015 …1/2本
山菜と春野菜、わかめの
　ナムル→P.018 … 適量
焼き海苔(全型)…2枚
[卵焼き]
　卵…2個
　砂糖…小さじ1/2
　塩…適量
　サラダ油…適量
[キムパ用ご飯]
　温かい玄米ご飯…250g
　ごま油…小さじ2/3
　塩…小さじ1/3

作り方

1. 卵焼きを作る。ボウルに卵を割り入れ、砂糖と塩を加えて混ぜる。フライパンにサラダ油を中火で熱し、十分に温まったら、厚焼き卵の要領で焼く。焼けたら、棒状に切る。

2. キムパ用ご飯を作る。ボウルにご飯を広げて入れ、塩をふってごま油を回しかける。しゃもじでご飯を下から持ち上げ、上下を返すように混ぜる。ご飯がほぐれてきたら切るようにして混ぜる。使うまでご飯が乾燥しないようにかたく絞った濡れふきんをかけて冷ましておく。

3. 海苔は直火で両面をさっと炙る。

4. 巻きすに海苔をのせ、キムパ用ご飯半量を海苔の手前から2/3程度まで広げる。ふき、ナムル、卵焼きを広がらないように重ねてのせて巻く(写真)。残りも同様に巻き、それぞれ10等分に切る。

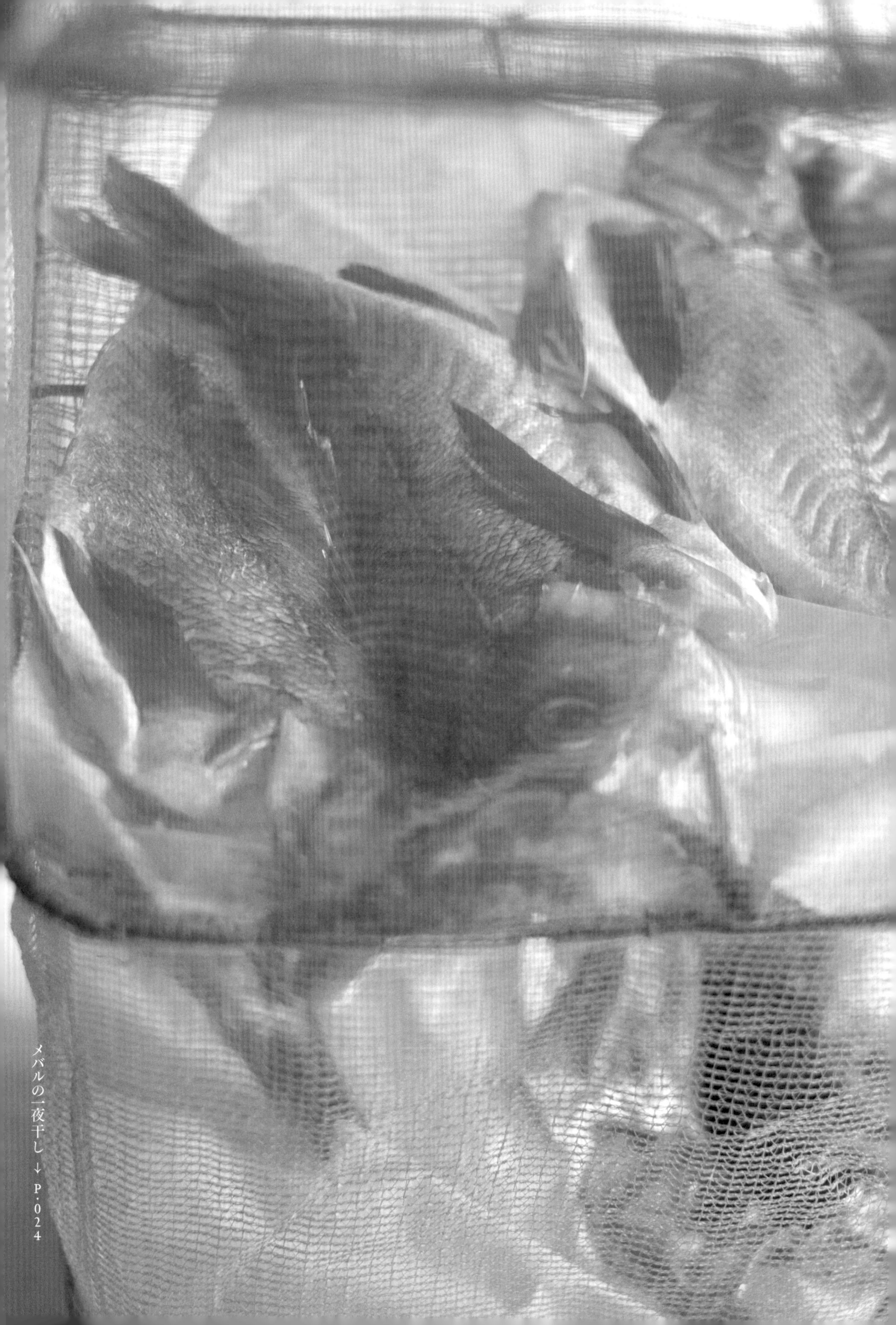

メバルの一夜干し ↓ P.024

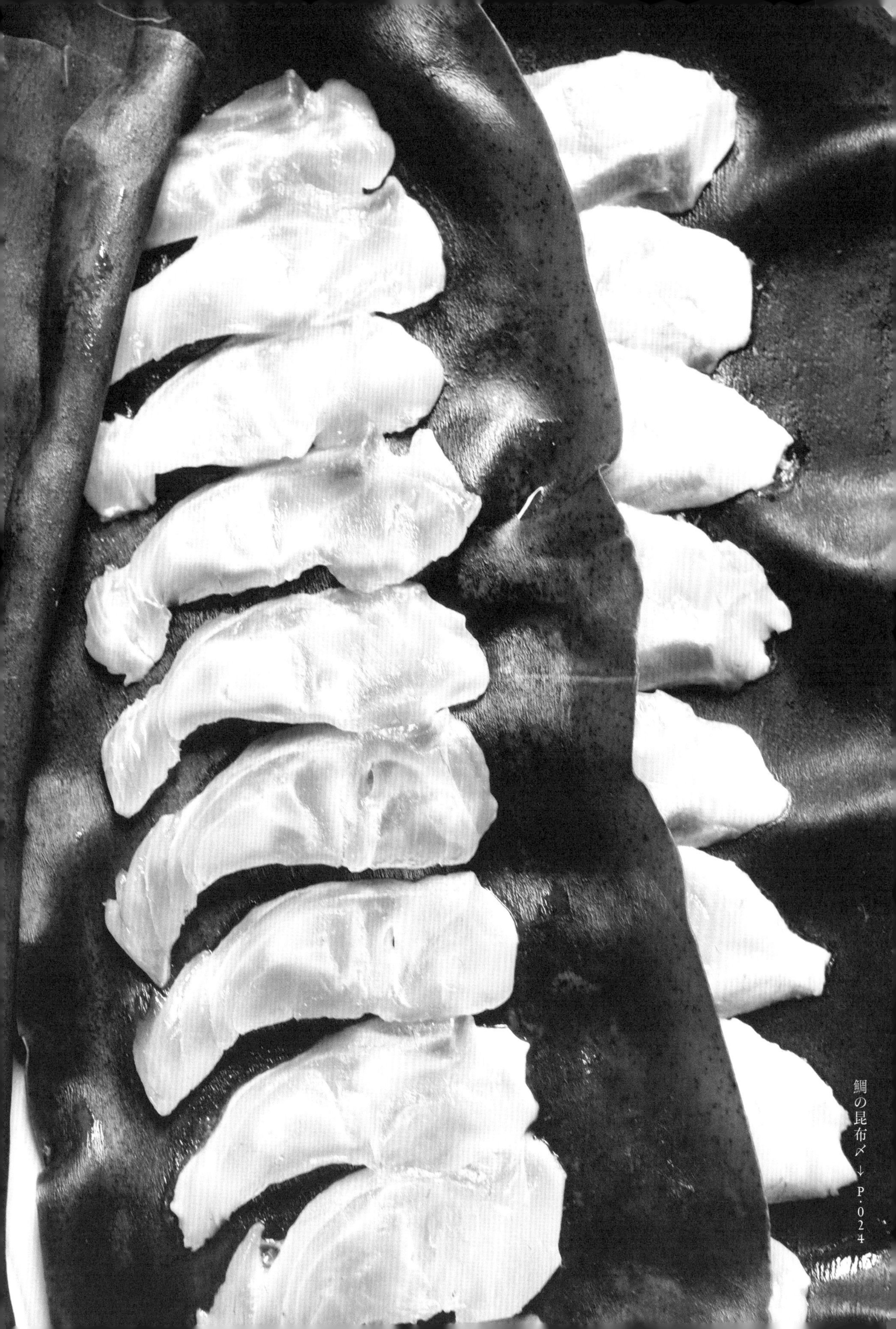

鯛の昆布〆 ↓P.024

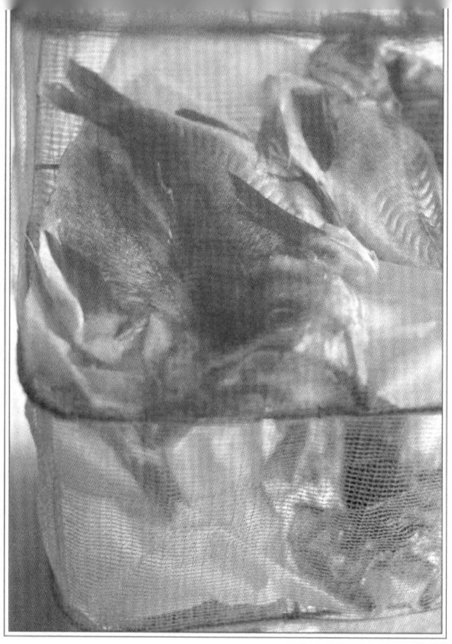

メバルの一夜干し

自家製の一夜干しは塩梅も
自分好みにできるのがよいところ。
この塩水の配合を覚えておけば、
四季折々の鮮魚で一夜干しが作れます。
身がほどよく締まり、格段の美味しさです。

材料(作りやすい分量)

メバル…2尾
［塩水］
　水…3カップ
　酒…1/4カップ
　塩…大さじ2と1/2

作り方

1. メバルはあご下から尾まで包丁を入れて中骨に沿って開き、エラと内臓を取り除く。流水で血合いを洗い流す。
2. 塩水の材料を角バットに入れて混ぜ、1を入れて途中裏返して1時間ほど漬ける。
3. 2の水気をペーパータオルでふき取り、風通しのよいところに半日〜1日干す。

保存期間_　1枚ずつラップで包み、冷蔵庫で3日、冷凍庫で2週間保存可能。

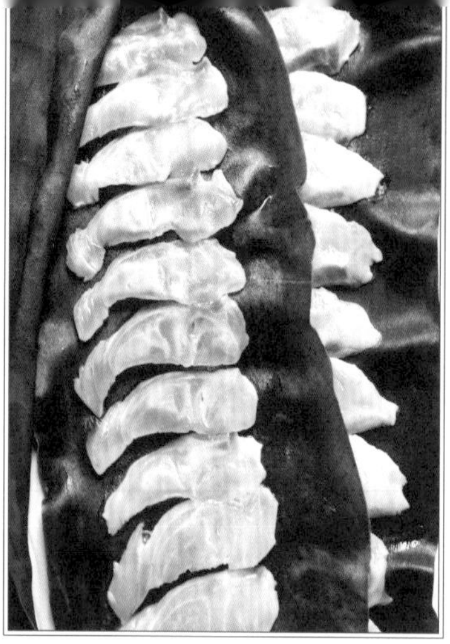

鯛の昆布〆

海の桜ともいわれる春の魚、鯛を昆布〆で楽しみます。
昆布のアミノ酸で旨みが増し、身もやわらかくなります。
甘く、やわらかい鯛の昆布〆はそのままでも美味しいですが、
ひと手間加えて爽やかなカルパッチョや春巻きにすると、
おもてなしにも喜ばれる一品になります。

材料(作りやすい分量)

鯛(刺身用)…1柵
塩…適量
昆布(20cm)…3枚
酒…適量

作り方

1. 鯛は全体に塩をふり、30分ほど置く。
2. 昆布に酒を回しかけて角バットに並べ、ラップを被せて15分ほど置いて水分を馴染ませる。
3. 鯛から出てきた水気をペーパータオルでふき取り、薄くそぎ切りにする。1枚ずつ重ならないように2の昆布2枚に並べる。
4. 並べ終えたら3を重ね、残りの昆布をのせてラップで包み、冷蔵庫でひと晩休ませる。

保存期間_　昆布に挟んだ状態で冷蔵庫で3日保存可能。

鯛の昆布〆を使って

鯛の昆布〆と日向夏のカルパッチョ

材料(作りやすい分量)

鯛の昆布〆→P.024…1/2柵
日向夏…1個
レモン…1/2個
わさびのすりおろし…適量
木の芽…適量
オリーブオイル…適量
塩…適量

作り方

1. 日向夏は皮をむき、種を取り除いて食べやすく切る。
2. 皿に鯛と日向夏を盛り、オリーブオイルを回しかける。わさび、木の芽を散らして塩をふり、レモンを搾ってかける。

鯛の昆布〆と茹でふきを使って

桜とふきの春巻き

材料(作りやすい分量)

鯛の昆布〆→P.024…6枚
茹でふき→P.015…1本
桜の花の塩漬け…適量
桜の葉の塩漬け…適量
春巻きの皮…6枚
水溶き薄力粉…適量
揚げ油…適量

作り方

1. 桜の花と葉の塩漬けは何度か水を替えて洗い、ふきんなどで水気をふき取る。ふきは6等分に切る。
2. 春巻きの皮に鯛の昆布〆を置き、手でちぎった桜の葉をのせ、ふきを1本置く。桜の花をいくつか散らして包み、水溶き薄力粉でとめる(写真)。

3. フライパンに揚げ油を低温に温め、2を静かに入れて、からりと揚げる。

いちごジャム

甘い香りに包まれながらのジャム作りは、昔から大好きです。
春といえば、いちごジャム。大人も子どももみんな大好きな味。
パンに塗ったり、ヨーグルトにかけたりといろいろ楽しめますが、
私はスポンジケーキに挟んで食べるのがいちばん好きです。

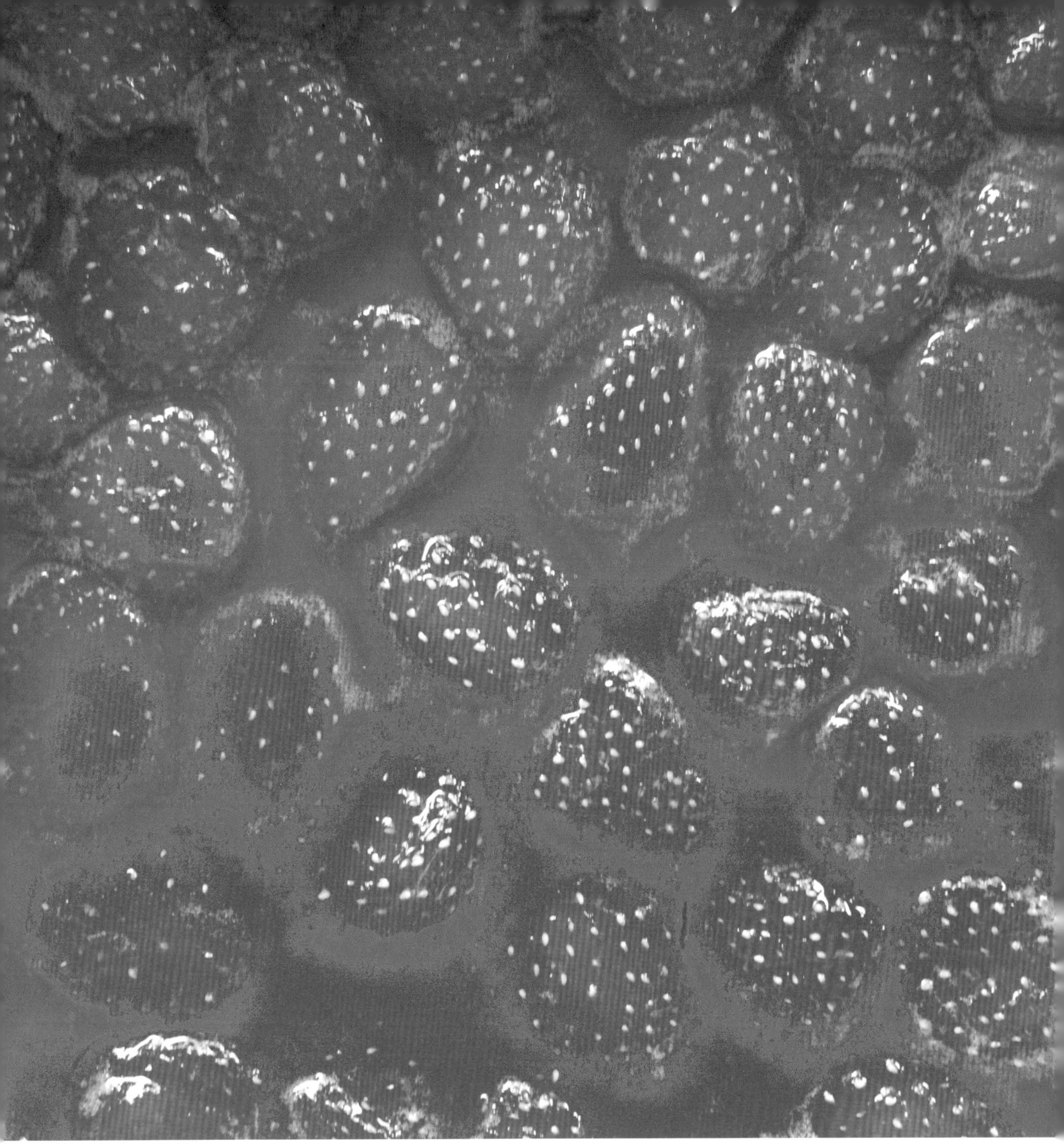

材料（作りやすい分量）

いちご…500g
グラニュー糖…250g
レモン果汁…1個分

作り方

1. いちごはヘタを取り除き、大きければ半分に切る。
2. 鍋に入れてグラニュー糖をまぶし、しばらく置く。
3. グラニュー糖が溶けたらレモン果汁を加えて中火にかけ、アクを取り除きながらとろりとするまで混ぜながら煮る。

保存期間_
清潔な保存瓶に入れて脱気処理（→P.036）をし、冷暗所で半年保存可能。脱気処理しなければ冷蔵庫で保存する。

夏の梅

韓国には「始まりが半分」という言葉があります。
始めたら、もう半分は成し遂げたと思ってもよいという前向きな言葉。
始まりの大切さを伝えるこの言葉の意味はとても奥深く、多くのことを示唆してくれ、
始めるという行為に含まれる準備の大切さも教えてくれるのです。

何度も繰り返し作った料理でも、気持ちを新たに準備に向かうと、
下ごしらえする大切さを強く感じます。素材の状態を確かめ、
自分が作りたい料理のイメージを明確にすることで、行うべき下ごしらえが変化するときがあります。
そこには確かに新たな始まりがあります。
特に新しいことを始めるのではなくとも、私たちの周りにはたくさんの始まりに満ちています。
そんな見過ごされがちな始まりは心躍る楽しい瞬間です。
そしてその瞬間にも思いもかけず、新しい何かが生み出されます。

なつめは韓国では神から与えられた果実として、大切にされています。
お祝いの席には必ず用意され、なつめは花がひとつ咲くと、
必ず実をつけることから、「子孫繁栄」を意味します。
なつめは身体を温めて気を補い、沈んだ心を穏やかにしてくれます。
私は日本の梅という食材は韓国のなつめのように特別なものと感じています。
梅の花を愛で、実を漬け込んで長く楽しみながら、料理にも利用して味わう。
そうした梅との豊かな関係はこれからも大切に守り、伝え続けていかなければなりません。

日本では完熟梅を使い、塩漬けする梅干し。
韓国では青梅を使いシロップ漬けにする梅茶。

何度も作ってきましたが、そのたびに身支度をし、真新しい気持ちで梅を手に取って向き合います。
繰り返しの中に潜む「始まり」を大切にしながら、
文化として継承されている料理を作り続けることで生まれる
新しい料理をまた次の世代へと繋いでいくこと。
初夏の匂いを漂わせる風が、そんな心持ちの大切さを教えてくれるのです。

青梅の蜜煮 ↓ P.034

梅ジャム ↓ P・036

↓ P・037
青梅の赤紫蘇カリカリ漬け
青梅のカリカリ漬け

青梅の蜜煮

初夏、真ん丸とした青梅を見かけると、梅の時季の到来を感じます。
青梅の蜜煮はシロップで煮るだけ。手軽に仕込めそうですが、
皮が破れたり、少し手を抜くと苦みや酸味が残ります。
ゆっくりとアクを抜き、丁寧に煮れば、美しい翡翠色に仕上がります。

材料(作りやすい分量)

青梅…1kg
[シロップ]
水…5〜6カップ
グラニュー糖…400g
塩…10g

《 梅の選び方 》

若く、かたい新鮮な青梅がよい。触ってみて果肉がかたく、しっかりとしたものを選ぶ。実は大粒で、果肉がたっぷりあるほうがふっくらと仕上がる。

作り方

1. 青梅は洗い、ふきんなどで丁寧に水気をふき取る。
2. 竹串で生り口のヘタを取り除き、表面全体を10か所ほど刺す。たっぷりの水に4〜5時間浸し、アクを抜く。穴を開けると、アクが抜けやすくなり、煮ている最中も皮が破裂せず、ふっくら仕上がる。
3. 鍋に入れてたっぷりの水を注ぎ(写真a)、弱火にかけて15分ほど煮る。竹串がすっと刺さる程度にやわらかくなったら、火を止めてそのまま冷ます。
4. 別鍋にシロップの材料を入れて中火にかける。ひと煮立ちし、グラニュー糖が溶けたら火を止めてそのまま冷ます。
5. シロップが人肌程度に冷めたら、水気をきった梅を加える(写真b)。弱火にかけて落とし蓋をして5〜6分煮る(写真c)。火を止め、そのまま完全に冷めるまで置く。
6. 5の梅を網じゃくしで取り出し、残ったシロップを強火にかける。2/3量程度に煮詰め、火を止めてそのまま冷ます。
7. 清潔な保存瓶に梅を入れ、煮立てたシロップを注ぐ。

保存期間_
冷蔵庫で4〜5か月保存可能。

a

b

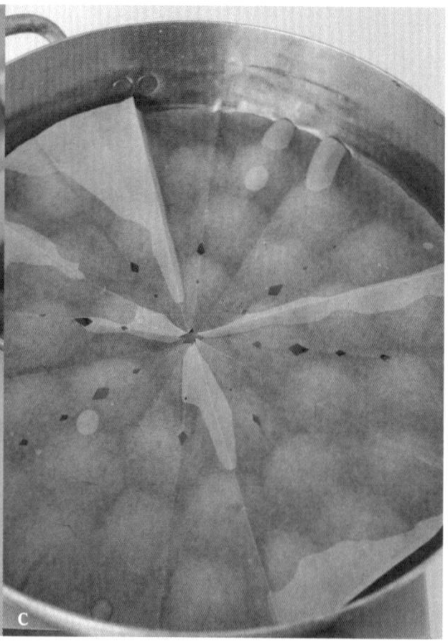

c

青梅の蜜煮を使って

梅氷

材料(作りやすい分量)

青梅の蜜煮の梅とシロップ → P.034
…適量

作り方

1. 蜜煮のシロップは角バットなどに移してラップを被せ、冷凍庫に入れる。
2. 半凍りになったら、フォークで全体をざっくり混ぜる。再度冷凍庫に入れ、完全に凍らせる。
3. フォークでかきながら器に盛り、蜜煮の梅を添える。

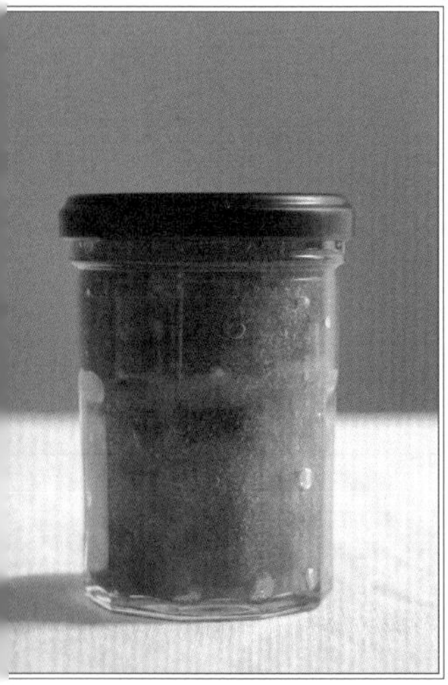

梅ジャム

青梅で作った梅ジャムは新緑を思わせます。
甘酸っぱくて梅の香りも強く、料理の調味料として使うことも。
豚肉、青魚と一緒に煮れば、肉もやわらかくなり、
魚独特の生臭さも消えるので、蜜煮と一緒に仕込んでほしいです。

材料(作りやすい分量)

青梅…1kg
グラニュー糖…500g

作り方

1. 青梅は洗い、ざるに上げて水気をきる。
2. 竹串で生り口のヘタを取り除き、表面全体を10か所ほど刺す。たっぷりの水に4〜5時間浸し、アクを抜く。
3. 鍋にたっぷりの水、1の青梅を入れて中火にかける。人肌に温まったら、弱火にして15分ほど煮る。やわらかくなったら、ざるに上げて水気をきる。
4. 包丁で果肉をこそげ、種を取り除く。
5. 4を鍋に戻し入れ、グラニュー糖を加えて10分ほど中火にかける。混ぜながらフツフツとし、とろみがついたら火を止める(写真)。

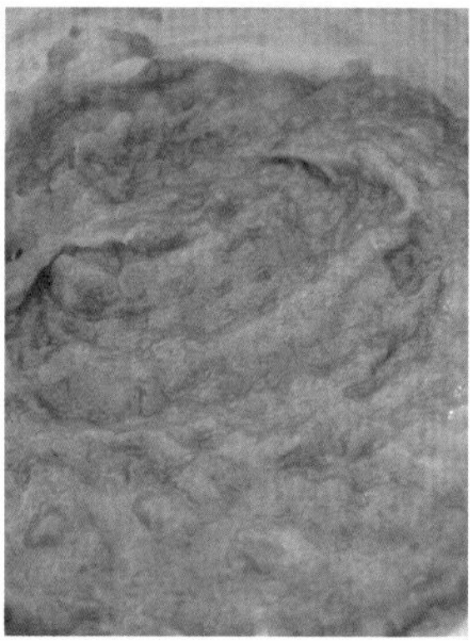

保存期間_
清潔な保存瓶に入れて脱気処理(→下記)をし、冷暗所で半年保存可能。脱気処理しなければ冷蔵庫で保存する。

脱気の方法

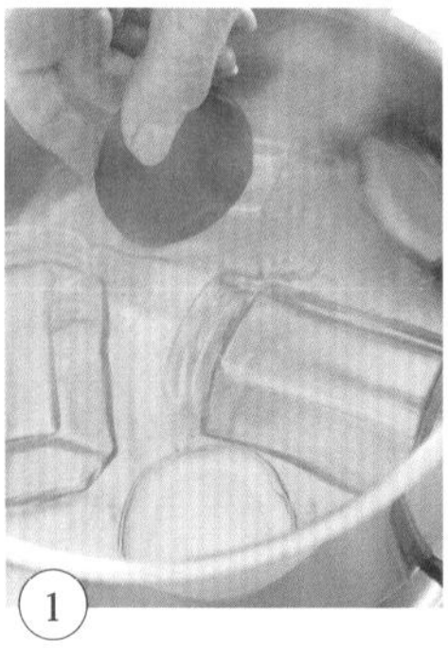

1

ジャムは脱気をすると、冷暗所で半年保存が可能になる。まず瓶とその蓋を熱湯で10分ほど煮沸消毒する。

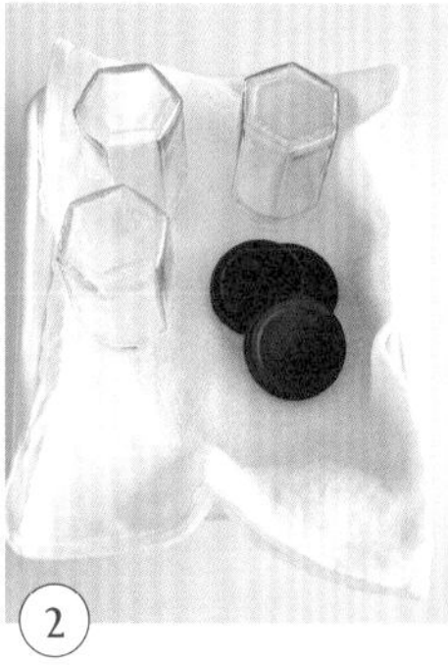

2

瓶と蓋をトングなどで取り出し、乾いた清潔なふきんなどの上にのせて自然乾燥させる。

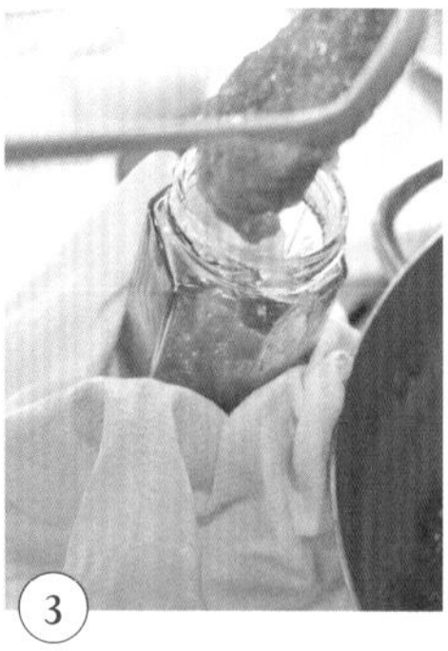

3

煮沸消毒した瓶に作り立ての熱々のジャムを火傷に注意しながら9分目まで入れ、軽く蓋をする。

4

鍋に③を並べ、瓶の2/3の高さまで水を張る。そのまま火にかけて10〜15分沸かし、瓶の中の空気を温める。

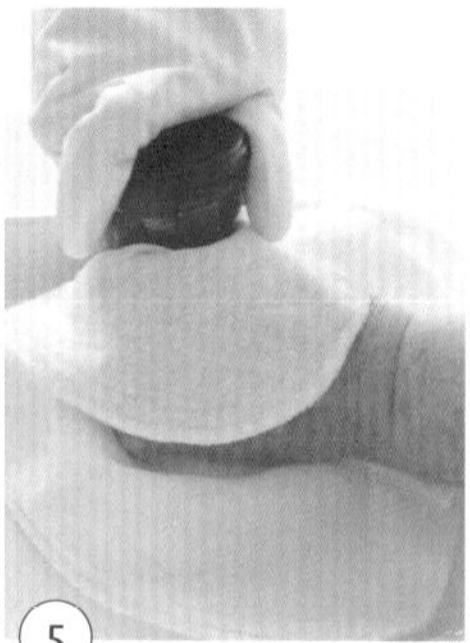

5

蓋がパツンと鳴って凹んだら、トングなどで取り出し、瓶の蓋をしっかり閉める。

私は保存性を保ちながら、甘さ控えめの砂糖で漬けています。
梅の風味が移ったシロップはみりん、砂糖の代わりに調味料として。
実はコチュジャンや味噌で和え、お茶やご飯のおともとしても楽しみます。

青梅のカリカリ漬け

材料（作りやすい分量）

青梅…500g
きび砂糖…300g
塩…20g

作り方

1. 青梅は洗い、ふきんなどで丁寧に水気をふき取る。
2. 竹串で生り口のヘタを取り除き、包丁で6等分のくし形切りにする（写真）。種は取っておく。
3. ボウルに2の青梅を入れ、塩をふって全体に馴染ませる。きび砂糖200gを加えてよく和え、ときどき混ぜながら水分が出てきて砂糖が溶けたら、清潔な保存瓶に入れる。
4. 残りの砂糖で蓋をし、冷暗所に20日～1か月置く。

青梅の赤紫蘇カリカリ漬け

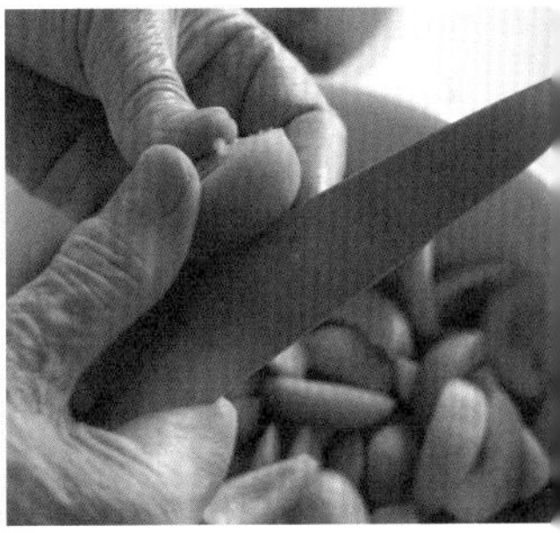

材料（作りやすい分量）

青梅…500g
赤紫蘇の葉…30g*（正味）
きび砂糖…300g
塩…20g

*赤く仕上げたい場合は、多めに加えてもよいです。

作り方

1. 青梅は洗い、ふきんなどで丁寧に水気をふき取る。赤紫蘇の葉は洗い、ざるに上げて水気をきる。
2. 竹串で生り口のヘタを取り除き、包丁で6等分のくし形切りにする（写真）。種は取っておく。
3. ボウルに赤紫蘇を入れ、塩5g（分量外）をふって手で軽く和える。もみながらアクを出し、しっかり絞る。
4. 別のボウルに2の青梅を入れ、塩をふって全体を和える。3の赤紫蘇ときび砂糖200gを加えてよく和え、ときどき混ぜながら水分が出てきて砂糖が溶けたら、清潔な保存瓶に入れる。
5. 残りの砂糖で蓋をし、冷暗所に20日～1か月置く。

保存期間_
実とシロップは分け、それぞれ清潔な保存容器に入れて冷蔵庫で1年間保存可能。

青梅の残った種でさらに楽しむ

梅酢、梅しょうゆ

カリカリ漬けで残った種を捨てるなんてもったいない。
しょうゆや酢に漬けるだけで、梅がほんのり香る調味料になります。
魚料理や、サラダの調味料として活用してください。

材料（作りやすい分量）

カリカリ漬けで残った種…適量
酢…適量
しょうゆ…適量

作り方

1. 清潔な保存瓶に種を入れ、それぞれにしょうゆと酢を被る程度に注ぐ。
2. 冷暗所に10日～1か月置くと使い頃。

保存期間_　冷蔵庫で2か月保存可能。

青梅のカリカリ漬けの楽しみ方

青梅のカリカリ漬けはそのまま食べても、
しょうゆ、ごま油を混ぜたコチュジャン、
白炒りごまを混ぜた味噌で和えても美味しいです。

小梅のブランデー梅酒 ↓ P·042

小梅の梅茶 ↓ P·042

梅茶は酢を入れることで氷砂糖が溶けやすくなり、また引き締まった味に。
酸味も甘みもあるので、シロップはサラダのドレッシングにも使えます。
ブランデー梅酒は、ワインのような鮮やかな紅紫色に仕上がり、
そのまま飲んだり、料理酒として使っても。

保存期間_ 冷暗所で1年間保存可能。

小梅の梅茶

材料（作りやすい分量）

小梅（あればパープルクイーン）
…1kg
氷砂糖…800g
りんご酢…1カップ

《 小梅の選び方 》

しっかりとしていて傷がなく、シワのない新鮮な小梅がよい。梅茶にする際は、緑の部分に少し黄みを帯びて完熟がかったものが香りよく仕上がる。

作り方

1. 小梅は洗い、ふきんなどで丁寧に水気をふき取る。竹串で生り口のヘタを取り除く。
2. 清潔な保存瓶に小梅と氷砂糖を層になるように交互に入れ、氷砂糖で蓋をする。
3. りんご酢を注ぎ、冷暗所に20〜30日置く。水分が出てきたら完全に梅が浸るまで1日1回、瓶を揺すって梅のカビを防止する。

小梅のブランデー梅酒

材料（作りやすい分量）

小梅（あればパープルクイーン）
…1kg
ざらめ…400g
ブランデー…6カップ
（梅がしっかり被る程度の量）

作り方

1. 小梅は洗い、ふきんなどで丁寧に水気をふき取る。竹串で生り口のヘタを取り除く。
2. 清潔な保存瓶に小梅とざらめを層になるように交互に入れ、ざらめで蓋をする。
3. ブランデーを注ぎ、冷暗所に30日ほど置く。

小梅の梅茶を使って

梅茶のソーダ割り

小梅の梅茶（→上記）をグラスに入れ、好みの味になるように炭酸水と氷で割る。

小梅の梅茶を使って

ラム肉の
ブランデー梅酒
焼き

材料（2人分）

ラムチョップ…4本
塩…適量
粗挽き黒こしょう…適量
おろしにんにく…1かけ分
キャラウェイシード…小さじ1〜2

A
- ブランデー梅酒の梅→P.042…約20粒
- ブランデー梅酒のシロップ→P.042…大さじ4と1/2
- しょうゆ…大さじ1/2
- 粒マスタード…小さじ1と1/2
- 塩…少々
- 粗挽き黒こしょう…少々

オリーブオイル…大さじ1
好みのハーブ（チャービル、ディルなど）…適量

作り方

1. ラムチョップは塩と粗挽き黒こしょう、にんにくを順にすり込み、キャラウェイシードをまぶしつける。Aは混ぜておく。オーブンは100℃に予熱しておく。
2. フライパンにオリーブオイルを中火で熱し、1のラムチョップの両面を焼き目がつくまで焼く。
3. オーブンシートを敷いた天板に2を並べ、温めたオーブンで40分ほど焼く。焼けたら一度取り出し、アルミホイルで包んで休ませる。
4. 2のフライパンにAを入れて中火にかけ、とろみがついたら火を止める。
5. 焼き上がったラムチョップを器に盛り、4を回しかけて葉をつんだハーブを散らす。

梅干し↓P.047

白梅干し

梅干し

梅干し

青梅から熟し、黄色く色づいてきたら
いよいよ梅干しの仕込みが始まります。
若い頃から漬け始めた梅干しは、試行錯誤を重ね、
酸味、塩気、ようやく自分好みの梅干しになりました。
梅雨が明ける前に塩漬け、本漬けまで仕込み、
梅雨明けして晴天が3日以上続いたら、
天日に干す土用干しをして梅干しができ上がります。

◎ 塩漬け

材料(作りやすい分量・容器容量7ℓ、重石2.5～3kg)

完熟梅…2kg
ホワイトリカー…1/2カップ
塩…200g
保存用の塩…50g

《 梅の選び方 》

表面に傷や斑点がなく、鮮度がよくて粒が揃っている完熟梅がよい。

《 下準備 》

ホウロウ、または陶製の容器に熱湯を回しかけ、ホワイトリカー適量(分量外)を含ませたふきんなどで全体をふく。

作り方

1. 梅は洗い、ふきんなどで丁寧に水気をふき取る。竹串で生り口のヘタを取り除く。
2. 梅を漬ける容器の底に塩ひとつかみを敷き入れる。
3. ボウルに梅1/4量程度を入れ、ホワイトリカー1/4量を回しかけ、全体に馴染ませる(写真 a)。残りの塩1/4量を加えて梅にまんべんなくまぶし、2 の容器に入れる(写真 b)。ホワイトリカーをまぶすことで梅の表面が濡れ、漬かりやすくなり、また殺菌、減塩にもなる。
4. 残りの梅にも同様にホワイトリカーと塩をまぶして容器に重ね入れ、最後に保存用の塩で梅に蓋をするようにふる(写真 c)。
5. 梅の上に漬物用の押し蓋、または平らな皿をのせ、重石をする(写真 d)。
6. 紙、またはガーゼなどを被せ、ひもで縛って蓋をし、冷暗所に5～6日置く。紙を被せることでホコリ防止、虫除けになる。
7. 途中3日目ほどして梅酢が梅の7分目程度まで上がってきたら、重石を半分の重さにする。

a

b

c

a

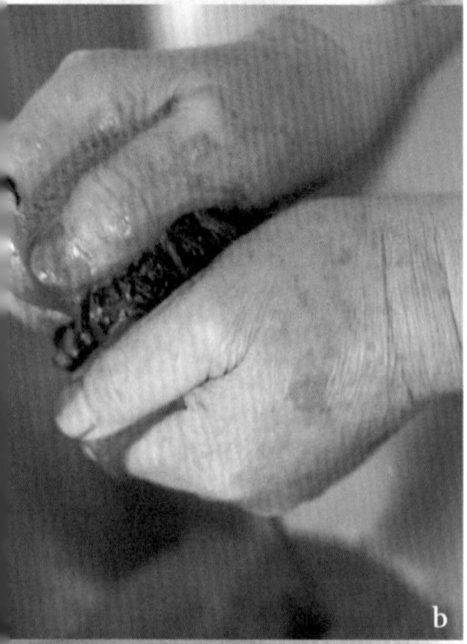

b

c

d

◎ 本漬け

材料(作りやすい分量)

赤紫蘇の葉…200g(正味)
塩…20g(赤紫蘇の重量の10%)
梅酢(塩漬けのものを使用)…1カップ

作り方

1. 塩漬けが完了したら(写真 a)、本漬けに入る。赤紫蘇は葉をつんで量り、10%の塩を準備する。きれいに洗い、ざるに上げて水気をきる。
2. 1の赤紫蘇をボウルに入れ、量った塩の半量を加えてもみ、アクが出てきたらしっかり絞って汁を捨てる(写真 b)。残りの塩で同様にもみ、アクを絞って汁を捨てる。
3. 梅を漬けた容器から分量の梅酢を取り出し、2に加えて赤紫蘇をほぐしながら梅酢を赤く染める。
4. 梅を漬けた容器に梅を覆うように赤紫蘇を広げて被せ、赤く染まった梅酢も加える(写真 c)。
5. 押し蓋をし、紙、蓋を被せ、冷暗所に梅雨が明けるまでひと月ほど置く。

◎ 土用干し

作り方

1. 梅雨明けの晴天日に仕上げの土用干しをする。盆ざるに梅、赤紫蘇をそれぞれ広げ、何度か裏返しながら、三日三晩干す(写真 d、e)。容器に残った梅酢は清潔な保存瓶に移し、ガーゼで蓋をして同様に天日に当てる(→ P.049 下)。
2. 梅が干し上がったら、赤紫蘇とともに清潔な保存容器に移す。

e

保存期間_
冷暗所または冷蔵庫で1年以上保存可能。

白梅干し

作り方

本漬けの工程を飛ばし、塩漬けのまま土用干し(仕上げ)をすると白梅干しになる。すっきりとした酸味で、梅そのものの風味を楽しめる。2種類作りたい場合は、塩漬けの段階で半分ずつに分けてもよい。その際は本漬けの赤紫蘇の材料は半分になる。

保存期間_
冷暗所または冷蔵庫で
1年以上保存可能。

梅干しの梅酢でさらに楽しむ

梅酢

梅を塩漬けする際に出てきた梅酢は、梅の酸味が楽しめます。赤梅酢は赤紫蘇で漬けた梅から、白梅酢は塩漬けの梅からでき、酢の代わりに調味料として使えます。爽やかで、さっぱりした味わいは、酢飯、南蛮酢、煮魚の煮汁、肉や根菜のスープの風味づけなどに少し加えたりと、いろいろ活用できます。

保存期間_　冷暗所または冷蔵庫で1年以上保存可能。

梅干しの梅酢を使って

梅酢の柴漬け

材料（作りやすい分量）

きゅうり…1本
なす…1本
新しょうが…1かけ
みょうが…4本
万願寺唐辛子…3本
かぼちゃ（赤皮）…1/8個
塩…野菜総重量の2〜3%
赤紫蘇の葉…ひとつかみ
梅酢→P.049…1/2カップ

作り方

1. きゅうりは5mm幅の斜め切り、なすは縦半分に切って同様に5mm幅の斜め切りにする。新しょうがは3mm幅の薄切り、みょうがと万願寺唐辛子は縦半分に切る。かぼちゃは皮つきのまま3mm幅の薄切りにし、皮がかたいようであれば皮をむく。
2. 1の野菜を量り、2〜3%の塩を準備する。
3. ボウルに1の野菜を入れ、量った塩を加えて軽くもみ、ラップを被せて皿などで重石をして冷蔵庫に2〜3日置く。
4. 赤紫蘇は塩適量（分量外）で色鮮やかになるまで塩でもみ、しっかりアクを抜く。
5. 3の野菜の水気をしっかり絞ってボウルに入れ、赤紫蘇と梅酢を加えてよく混ぜ、ラップを被せて冷蔵庫に半日ほど置く。

保存期間_
冷蔵庫で2週間保存可能。

梅干しを使って

梅干しの桜の葉包み

見た目も愛らしいので、お茶受けにしても喜ばれます。
いくつか作って箱に詰め、贈り物にしても。

材料（作りやすい分量）

梅干し→P.047…5個
桜の花の塩漬け…5輪
桜の葉の塩漬け…5枚

作り方

1. 桜の花と葉の塩漬けは水を何度か替えて洗い、ふきんなどで水気をふき取る。
2. 桜の葉に梅干し、その上に桜の花をのせて包む。

夏 山椒ほか

まだ風の中に冷たさを感じる春移ろいの頃、山椒の若葉が芽吹き、
花をつけて早い夏の訪れを真っ先に知らせるように実を結びます。
実山椒が出回ると、いよいよ夏の始まりです。
毎年こうして私の仕込みものは山椒の芽吹きとともに春から夏へと季節を巡ります。

常備菜や保存食、発酵食は食べ物を保存するために作り出された生きるための知恵。
その多くはその土地の風土と農作物、長い年月と経験により育まれた伝統食品です。
連綿と受け継がれてきた連続性の中にあるのです。
さまざまな仕込みものとともに、季節を迎えて季節を惜しみ、季節の足音を感じながら繰り返す。
伝統を大切にしながら、少しの想像力と創造力を働かせて感謝し、
自分なりの仕込みものを心から自由に楽しむ。
そうすることで、日々の暮らしが豊かに輝きます。

山椒は塩茹で、しょうゆ煮、しょうゆ漬けのほか、
ハーブやスパイスを加えてオイルやビネガーに漬けることも。
特別に手をかけず、山椒の力に委ねるレシピです。
似ているようで、それぞれに味わいがあり、愛おしい。
ほんのひとときの実山椒の旬を閉じ込め、
存分に楽しみたいから、毎年仕込んだ実山椒の瓶がいくつも並びます。

韓国には季節ごとの果物や木の実などをはちみつや砂糖に漬け込んで
お茶として楽しむ文化があります。山椒茶もそのひとつです。
親戚のお寺で実る山椒の実。
それをつみ、はちみつ漬けにするのが子どもの頃の初夏の記憶。
蝉の声が聞こえ始め、木々のざわめきが夏を彩る頃、
飲み頃となった山椒茶は山椒のそれとは違い、
まろやかな辛みと清涼感のあるさわやかさな味へと変化します。
若々しい緑の実は、黄金色のはちみつと時間によって少し色褪せ、少し小さくなり、その姿を変えるのです。
待つ時間、それは旬を閉じ込め、一年に一度しか出会うことができない特別な出会いを与えてくれます。

山椒茶 ↓ P・058

山椒の塩茹で ↓ P・060

山椒のしょうゆ煮 ↓ P・064

山椒のしょうゆ漬け ↓ P・064

山椒のスパイスビネガー ↓ P・065

山椒のハーブオイル ↓ P・065

山椒茶

山椒は赤くなる前の青いものをいろいろ仕込みます。
はちみつとりんご酢で漬けた山椒茶は、
漬け立てはピリッとした清涼感のある味を、
長く漬けたものはまろやかな味を楽しめます。
漬ければ漬けるほど、味がまろやかになり、美味しくなります。

材料(作りやすい分量)

実山椒…200g(正味)
はちみつ…400g
りんご酢…1カップ

作り方

1. 実山椒はかたく大きな枝を取り除いて洗い、ふきんなどで丁寧に水気をふき取る(写真 a)。
2. 清潔な保存瓶に 1 を入れる。はちみつを加え(写真 b)、りんご酢を注いで軽く混ぜる(写真 c)。
3. 実山椒が空気などに触れないようにオーブンシートで覆い、軽い重石をのせる。蓋をして冷暗所に1か月ほど置く。

1年ほど経った山椒茶(左)とでき上がったばかりの山椒茶(右)。

保存期間_
冷蔵庫で1年間保存可能。

a

b

c

山椒茶を使って

山椒とメロンの菓片

菓片(カピョン)とは、ゼリーのような韓国菓子です。
ここでは手に入りやすい粉寒天を使います。
山椒の香りを忍ばせた寒天がメロンの甘さとよく合います。

材料(15×13.5×高さ4.5cmの容器・1個分)

山椒茶の実 → P.058
…大さじ1
山椒茶のシロップ → P.058
…1/2カップ
メロン…1/6個
白ワイン…3/4カップ
水…3/4カップ
粉寒天…4g
木の芽…適宜

作り方

1. メロンは種を取り除き、皮をむいてひと口大に切る。
2. 鍋に白ワイン、水、粉寒天を入れて中火にかける。木べらで混ぜながら粉寒天を煮溶かし、山椒茶のシロップを加えてひと煮立ちさせて火を止める。
3. 容器にメロンを並べ、2を流し入れて山椒茶の実を散らし、粗熱が取れたら冷蔵庫で30分ほど冷やしてかためる。
4. かたまったら好みの大きさに切り分けて器に盛り、好みで木の芽を添える。

山椒茶を使って

鯵の南蛮風

山椒の香りで爽やかに仕上げる鯵の南蛮風。
夏、旬の鯵と山椒を組み合わせたお惣菜です。
たっぷり作っておくと、夕飯どきに喜ばれる常備菜になります。

材料(作りやすい分量)

豆鯵…12尾
玉ねぎ…1/4個
セロリ…1/3本
パプリカ(赤)…1/4個
A
- だし汁(いりこ)…3/4カップ
- 酢…3/4カップ
- しょうゆ…大さじ2と1/2
- 鷹の爪…1本(ヘタと種を取り除く)
- 山椒茶の実 → P.058 …大さじ1
- 山椒茶のシロップ → P.058 …大さじ5

薄力粉…適量
揚げ油…適量

作り方

1. 玉ねぎは薄切りにする。セロリは筋を取って5mm幅の斜め切り、葉はざく切りにする。パプリカはヘタと種を取り除いて5mm幅の細切りにする。切った野菜は角バットに広げる。
2. 豆鯵はエラを指でつかんで尾のほうに引っ張り、エラと一緒に内臓を取り除く。流水できれいに洗い、ペーパータオルで水気をよくふき取って薄力粉を薄くまぶす。
3. 鍋に揚げ油を中温で温め、2をゆっくり揚げる。色づいたら高温にしてからりと揚げ、1にのせる。
4. 小鍋にAを入れて強めの中火にかけてひと煮立ちさせ、熱々のまま3に回しかけ、30分ほど置く。

山椒の塩茹で

山椒の塩茹では、仕込んでおくと何かと重宝します。
ちりめん山椒はもちろん、
魚の煮つけに少し加えるだけでも香りよく、
糠床に加えたり、ケイパーのようにマリネに使ったり、
山椒のしょうゆ煮、ハーブオイル、スパイスビネガーも作れます。

材料(作りやすい分量)

実山椒…200g(正味)
塩…小さじ1

作り方

1. 実山椒はかたく大きな枝を取り除いて洗う。ざるに上げて水気をきり、さらにふきんなどで丁寧に水気をふき取る。

2. 鍋にたっぷりの湯を沸かして塩を加え、1を入れて弱めの中火で5〜6分茹でる(写真)。熟して実がかたいものは、茹で時間を長くする。
3. 指で潰れる程度にやわらかくなったら、水を張ったボウルに入れ、2〜3回水を替えながら1〜2時間浸す。
4. ざるに上げて水気をきり、ふきんなどでしっかり水気をふき取る。冷凍用保存袋に入れて冷凍庫で保存する。

保存期間_　冷凍庫で1年間保存可能。

山椒の塩茹でを使って

ちりめん山椒

夏場、暑くて食欲がないときも、
ちりめん山椒があればご飯が進みます。
山椒は防腐効果もあるので、
この時季のお弁当にもぴったりです。

材料（作りやすい分量）

ちりめんじゃこ…100g
<u>山椒の塩茹で</u>→ P.060 …大さじ2
酒…3/4カップ
みりん…大さじ2と1/3
しょうゆ…大さじ1と2/3

作り方

1. ちりめんじゃこはさっと洗い、ざるに上げて水気をきる。
2. 鍋に酒、みりん、しょうゆを入れて中火にかける。煮立ったら1のちりめんじゃこを加え、アクが出たら取り除いて弱火にし、ときどき木べらで混ぜながら10〜15分煮る。
3. 山椒の塩茹でを加え、汁気がなくなるまで煮る。汁気がなくなったら、角バットに広げて冷まし、清潔な保存容器に入れる。

保存期間_　冷蔵庫で1週間保存可能。

山椒の塩茹でを使って

穴子ご飯

ふっくらとやわらかい穴子は本当に美味しい。
開いた穴子と山椒の塩茹でさえあれば、
穴子ご飯もおうちで手作りすることができます。
穴子はお米と一緒に炊くので、
香ばしい香りをつける程度に焼きます。
木の芽を添えると、さらに香りよくいただけます。

材料(5〜6人分)

穴子(開いたもの)…3尾
山椒の塩茹で → P.060
…大さじ3
米…2合
もち米…1合
だし汁(昆布)…適量
酒…大さじ1と1/2
塩…適量

作り方

1. 米は洗ってざるに上げ、30分ほど置く。
2. 穴子の下ごしらえをする。穴子に塩適量をふって軽くもみ、流水で洗ってぬめりを取る。シンクに斜めに立て掛けたまな板に皮目を上にして穴子を並べ、ペーパータオルを被せる。熱湯を回しかけ、氷水に入れて冷まし、皮目のぬめりをスプーンでこそげ取って再度流水で洗う(写真 a)。水気をふき取り(写真 b)、金串を刺す(写真 c)。
3. 穴子を皮目から直火に当てて両面を焼く。全体に少し焦げ目をつけるように動かしながら焼き、7割ほど火を通す(写真 d)。
4. 厚手の鍋に 1 の米、洗って水気をきったもち米を入れる。米ともち米の1割増しの水加減になるようにだし汁と酒を合わせ、鍋に加える。塩小さじ1/2を加えて混ぜ、山椒の塩茹で、食べやすい大きさに切った穴子をのせて中火にかける。沸騰したら弱火にし、13分ほど炊いたら火を止めてそのまま10分ほど蒸らす。

a

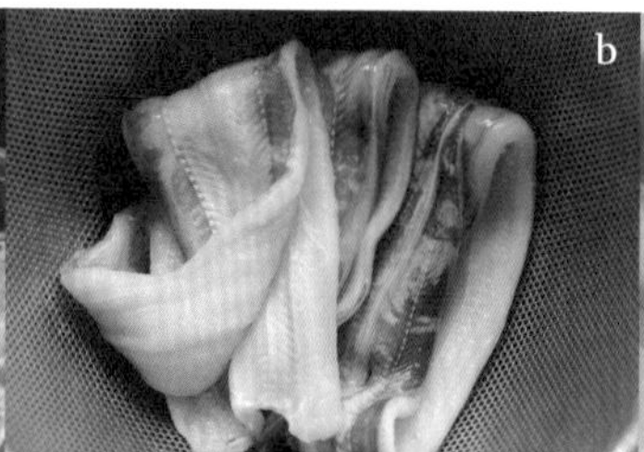
b

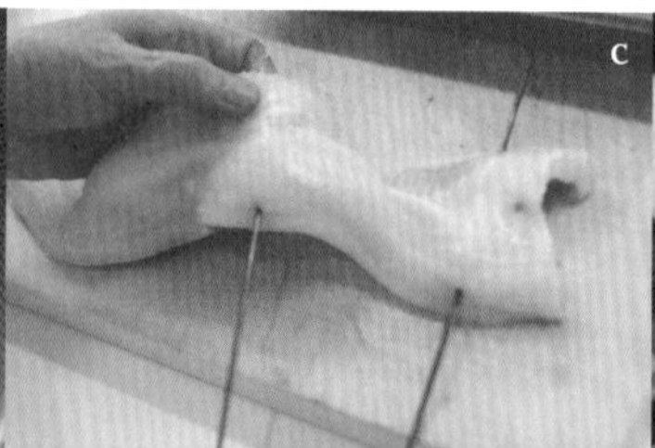
c

d

山椒の塩茹でを使って

山椒のしょうゆ煮

山椒の塩茹でに、ひと手間加えて。
炒め物、煮物に入れたり、調味料のように使っても。
私は温かいご飯に混ぜておにぎりにするのが大好きです。

保存期間_
冷蔵庫で半年、冷凍庫で1年間保存可能。

材料(作りやすい分量)

山椒の塩茹で → P.060
…200g
酒…1カップ
しょうゆ…1/4カップ
みりん…大さじ3

作り方

1. 鍋にすべての材料を入れて弱火にかける。
2. 煮立ったら落とし蓋をし、汁気が1/5量程度になったら火を止めてそのまま粗熱を取る。
3. 完全に冷めたら清潔な保存容器に入れる。

山椒のしょうゆ漬け

実山椒をさっと煮て、しょうゆに漬けるだけ。
山椒の香りが強く残り、食感もプチプチとしています。
お新香のように食事の合間に箸休めのようにつまんでも。

材料(作りやすい分量)

実山椒…500g(正味)

A
- しょうゆ…120ml
- はちみつ
  (または小梅の梅茶 → P.042)
  …1/2カップ
- 砂糖…50g
  (またはモルトシロップ*1/2カップ)
- 酒…1/4カップ
- だし汁(昆布)…1カップ

*韓国では砂糖やはちみつの代わりにモルトシロップを甘味料として使います。優しい甘みとパンのような香ばしい香りが特徴です。手作りする方法を「伝統コチュジャン」(→ P.142)で紹介していますが、市販品を使ってもかまいません。

作り方

1. 実山椒は大きなかたい枝を取り除いて(ある程度房を残して)洗い、ふきんなどで丁寧に水気をふき取る。
2. 鍋にたっぷりの湯を沸かして塩適量(分量外)を加え、山椒を入れる。5〜6分茹でたら引き上げ、水を張ったボウルに入れ、2~3回水を替えながら1時間ほど浸す。
3. ざるに上げて水気をきり、ふきんなどでしっかり水気をふき取る。
4. 小鍋にAを入れて強火にかけ、ひと煮立ちしたら火を止めてそのまま冷ます。
5. 清潔な保存瓶に3を入れて冷めた4を注ぎ、実山椒が空気などに触れないようにオーブンシートで覆い、軽い重石をのせる(写真)。

6. 3〜4日したらざるに上げ、漬け汁を鍋に移して煮立たせる。完全に冷めたら再度山椒の瓶に注ぐ。オーブンシートで覆い、軽い重石をのせる。蓋をして常温に1か月ほど置く。その間、清潔なスプーンなどで上下を返すように数回混ぜる。

保存期間_
冷暗所または冷蔵庫で1年間保存可能。

サラダのドレッシングや和え物、魚のソテーなどに使うと、
山椒の爽やかな香りが楽しめます。
ハーブはオイルにしっかり浸かっていないと、
カビやすいので1週間ほど経ったら、ハーブは取り出してください。

保存期間_　冷暗所で2〜3週間保存可能。

山椒の塩茹でを使って

山椒のハーブオイル

材料(作りやすい分量)

山椒の塩茹で→P.060…80g
ローズマリー…3本
タイム…3本
オリーブオイル…適量

作り方

1. 山椒の塩茹でとハーブを清潔な保存瓶に入れる。オリーブオイルを被る程度に注ぎ、冷暗所に置く。
2. 1週間ほど経ってオイルに香りが移ったら、ハーブを取り出す。ハーブはオイルにしっかり浸かっていないと、カビるので注意する。

山椒の塩茹でを使って

山椒のスパイスビネガー

材料(作りやすい分量)

山椒の塩茹で→P.060…80g
黒粒こしょう…小さじ1
クローブ…小さじ1
キャラウェイシード…小さじ1
りんご酢…適量

作り方

1. 山椒の塩茹でとスパイスを清潔な保存瓶に入れる。りんご酢をひたひたに注ぎ、冷暗所に置く。
2. 1週間ほど経って酢に香りが移ったら、使い頃になる。

山椒のハーブオイルを使って

じゃがいもの山椒オイル和え

じゃがいもは熱湯をかけただけなのでシャキシャキの食感。
山椒の香りと塩気が楽しめる、手軽なひと皿です。

材料(作りやすい分量)

じゃがいも(男爵)…3個
A
- 山椒のハーブオイル→上記…大さじ1
- 山椒のハーブオイルの実→上記…大さじ1/2
- 酢…小さじ2
- 塩…小さじ1/3

作り方

1. じゃがいもは皮をむいてせん切りにし、水でさっと洗う。
2. 水気をきったじゃがいもをざるに入れる。熱湯を回しかけて透明感が出たら、水を張ったボウルに入れる。水気をきってさらにふきんなどでふき取り、Aでさっと和える。

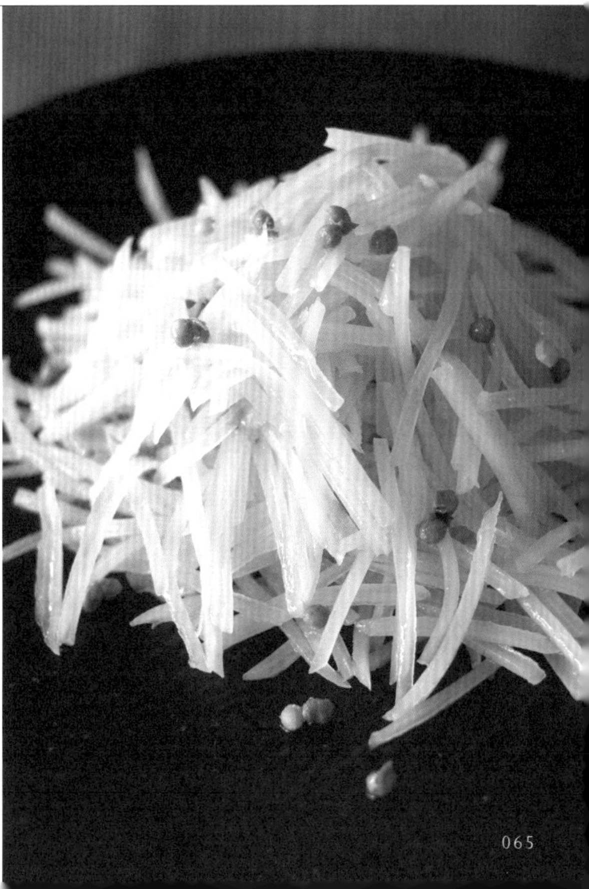

我が家のらっきょうは塩漬けせずに、すぐに酢に漬けます。
手軽な上、らっきょうの食感も楽しめるのでおすすめです。
らっきょうはそのまま楽しんだり、刻んで炒め物に加えたり。
甘酢の漬け汁は肉や魚の煮つけに使ったり、
黒酢の漬け汁はとろみをつけ、酢豚のあんにしても。

らっきょうの甘酢漬け

材料(作りやすい分量)

らっきょう
…1kg(正味750〜800g)
[甘酢]
鷹の爪(種を取る)…2本
酢…2カップ
水…1カップ
きび砂糖…130g
塩…大さじ2

作り方

1. らっきょうは水で洗い、ざるに上げて水気をしっかりきる(写真 a)。
2. 1枚皮をむいて根元を切り落とし(写真 b 、c)、再度洗う。
3. 2の水気をふきんなどでしっかりふき取り、清潔な保存瓶に入れる。
4. 鍋に甘酢の材料を入れてひと煮立たちさせ、熱いまま3に注ぎ入れてそのまま冷ます。
5. 完全に冷めたら、冷暗所に1か月ほど置く。

らっきょうの黒甘酢漬け

材料(作りやすい分量)

らっきょう
…1kg(正味750〜800g)
[黒甘酢]
鷹の爪(種を取る)…2本
黒粒こしょう…小さじ1
クローブ…小さじ1/2
黒酢…2カップ
水…1カップ
きび砂糖…130g
塩…大さじ2

作り方

1. らっきょうは水で洗い、ざるに上げて水気をしっかりきる(写真 a)。
2. 1枚皮をむいて根元を切り落とし(写真 b 、c)、再度洗う。
3. 2の水気をふきんなどでしっかりふき取り、清潔な保存瓶に入れる。
4. 鍋に黒甘酢の材料を入れてひと煮立たちさせ、熱いまま3に注ぎ入れてそのまま冷ます。
5. 完全に冷めたら、冷暗所に1か月ほど置く。

a

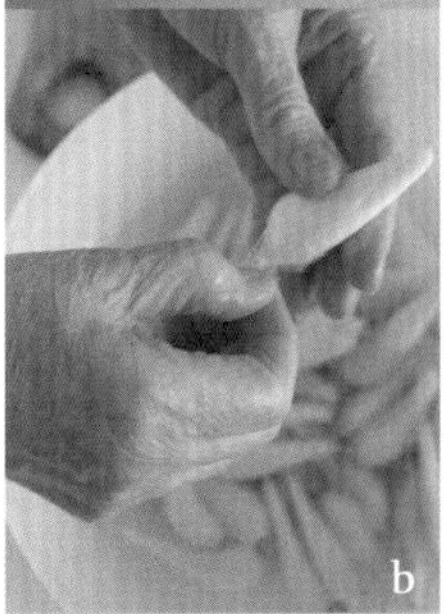
b

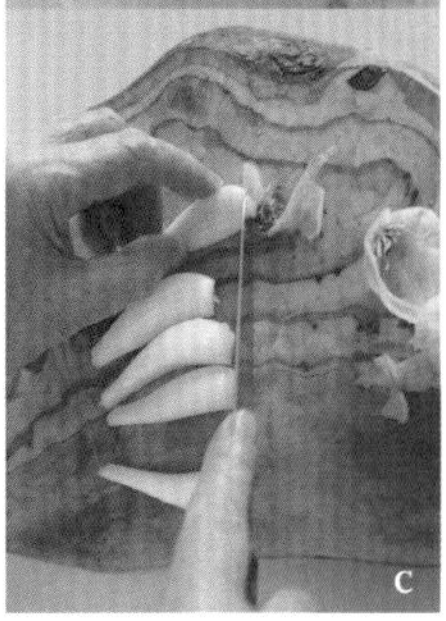
c

保存期間_
冷暗所で1年間保存可能。冷蔵庫で保存すれば、カリカリした食感が損なわれない。

新しょうがの甘酢漬け

ばら寿司の具にしても、揚げて天ぷらにしても美味しい。
切らずに塊のまま漬ければ、半年保存できます。

材料(作りやすい分量)

新しょうが…500g
塩…15g(新しょうがの重量の3%)
酢…1と1/4カップ
砂糖…3/4カップ

作り方

1. 新しょうがは洗い、スプーンなどで皮をこそげてひと口大に切り、薄切りにする。
2. ボウルに1を入れ、新しょうがの重量の3%の塩を量ってふり、30分ほど置く。ざるに上げて水気をきり、清潔な保存容器に入れる。
3. 小鍋に酢と砂糖を入れて中火にかけ、ひと煮立ちさせる。熱いまま2に注ぎ入れてそのまま冷ます。
4. 完全に冷めたら、すぐに食べられる。

保存期間_
冷蔵庫で3か月保存可能。

みょうがの甘酢漬け

魚料理のつけ合わせにするのはもちろん、
和え物や酢の物にも使えるみょうがの甘酢漬け。
細かく刻んで酢飯に混ぜても美味しいです。

材料(作りやすい分量)

みょうが…10〜12本(150g)
塩…4.5g(みょうがの重量の3%)
酢…1カップ
砂糖…3カップ

作り方

1. みょうがは根元を切り落とす。
2. ボウルに1を入れ、みょうがの重量の3%の塩を量ってふり、30分ほど置く。ざるに上げて水気をきり、清潔な保存容器に入れる。
3. 小鍋に酢と砂糖を入れて中火にかけ、ひと煮立ちさせる。熱いまま2に注ぎ入れてそのまま冷ます。
4. 完全に冷めたら、すぐに食べられる。

保存期間_
冷蔵庫で2か月保存可能。

新しょうがの甘酢漬けとみょうがの甘酢漬けを使って

コマッキムパ

韓国語でコマッは小さい、
キムパはのり巻きという意味。
コマッキムパは日本でいえば、
細巻きということになります。
新しょうがとみょうがの甘酢漬けに、
甘みのアクセントとなるドライトマトを
夏らしく合わせて巻きました。

材料(作りやすい分量)

新しょうがの甘酢漬け → P.068 …適量
みょうがの甘酢漬け → P.069 …適量
ドライトマト…15g
焼き海苔(全型)…2枚
A
- オリーブオイル…小さじ2
- 酢…小さじ1
- 塩…小さじ1/5

[キムパ用ご飯](作りやすい分量)
温かい玄米ご飯…250g
ごま油…小さじ2/3
塩…小さじ1/3

作り方

1. キムパ用ご飯を作る。ボウルにご飯を広げて入れ、塩をふってごま油を回しかける。しゃもじでご飯を下から持ち上げ、上下を返すように混ぜる。ご飯がほぐれてきたら切るようにして混ぜる。使うまでご飯が乾燥しないようにかたく絞った濡れふきんをかけて冷ましておく。

2. 新しょうがの甘酢漬けは細切り、みょうがの甘酢漬けは縦半分に切ってから薄く斜め切りにする。ドライトマトは熱湯を回しかけて水気をきる。大きいものは半分に切り、Aで和える。

3. 海苔は直火で両面をさっと炙り、十字に4つ切りにする。

4. 海苔を置き、海苔の向こう側1cm程度を空けてキムパ用ご飯1/8量を広げる。ご飯の中央に2の1/8量をのせて巻く。残りも同様に巻き、そのまま、あるいは3等分に切る。

谷中しょうがの甘酢漬け

写真は楽しげに、
葉つきのまま漬けました。
谷中しょうがを添えるだけで、
普段の焼き魚も粋になりますね。
箸休めにいただくのはもちろん、
豚肉の薄切りを巻いて
グリルで焼いても美味しいです。

材料（作りやすい分量）

谷中しょうが…5本
酢…1カップ
きび砂糖…大さじ3
塩…小さじ1

作り方

1. 谷中しょうがは茎を15cmほど残して切り落とす。
2. スプーンで皮をこそげ、塩適量（分量外）を加えた熱湯にさっとくぐらせ、清潔な保存容器に入れる。
3. 小鍋に酢、きび砂糖、塩を入れて中火にかけてひと煮立ちさせる。熱いまま2に注ぎ入れてそのまま冷ます。
4. 完全に冷めたら常温にひと晩置く。

memo_ 冷蔵庫で2か月保存可能。

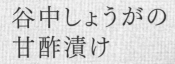

白瓜の粕漬け

粕漬けは飴色にしっかり漬けることが多いですが、我が家は浅漬け。
その分あっさりといただけて、料理にもアレンジしやすいです。
好みのお肉と刻んだ白瓜を炒めると、甘辛さと食感がアクセントになります。

材料(作りやすい分量)

白瓜…2本(500g)
塩…15g(白瓜の重量の3%)
酒粕…800g

作り方

1. 白瓜は縦半分に切り、スプーンで種をこそげるように取り除く(写真a)。
2. 角バットに並べて白瓜の重量の3%の塩を量ってふり、ラップを被せて冷蔵庫に2日ほど置く。
3. 水気をきり、網などにのせて室内で半日ほど干す(写真b)。
4. 清潔な保存容器に酒粕を少し敷き、白瓜を入れる。酒粕と白瓜を順に重ね、最後は酒粕で覆うように蓋をし(写真c、d)、冷蔵庫に3か月ほど置く。

保存期間_
冷蔵庫で1年間保存可能。

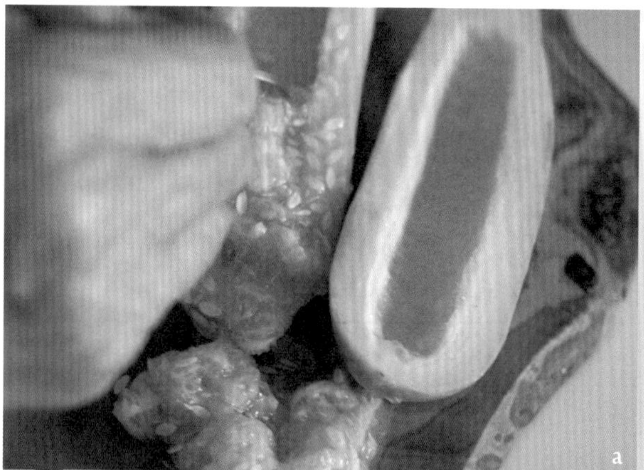
a

b

c

d

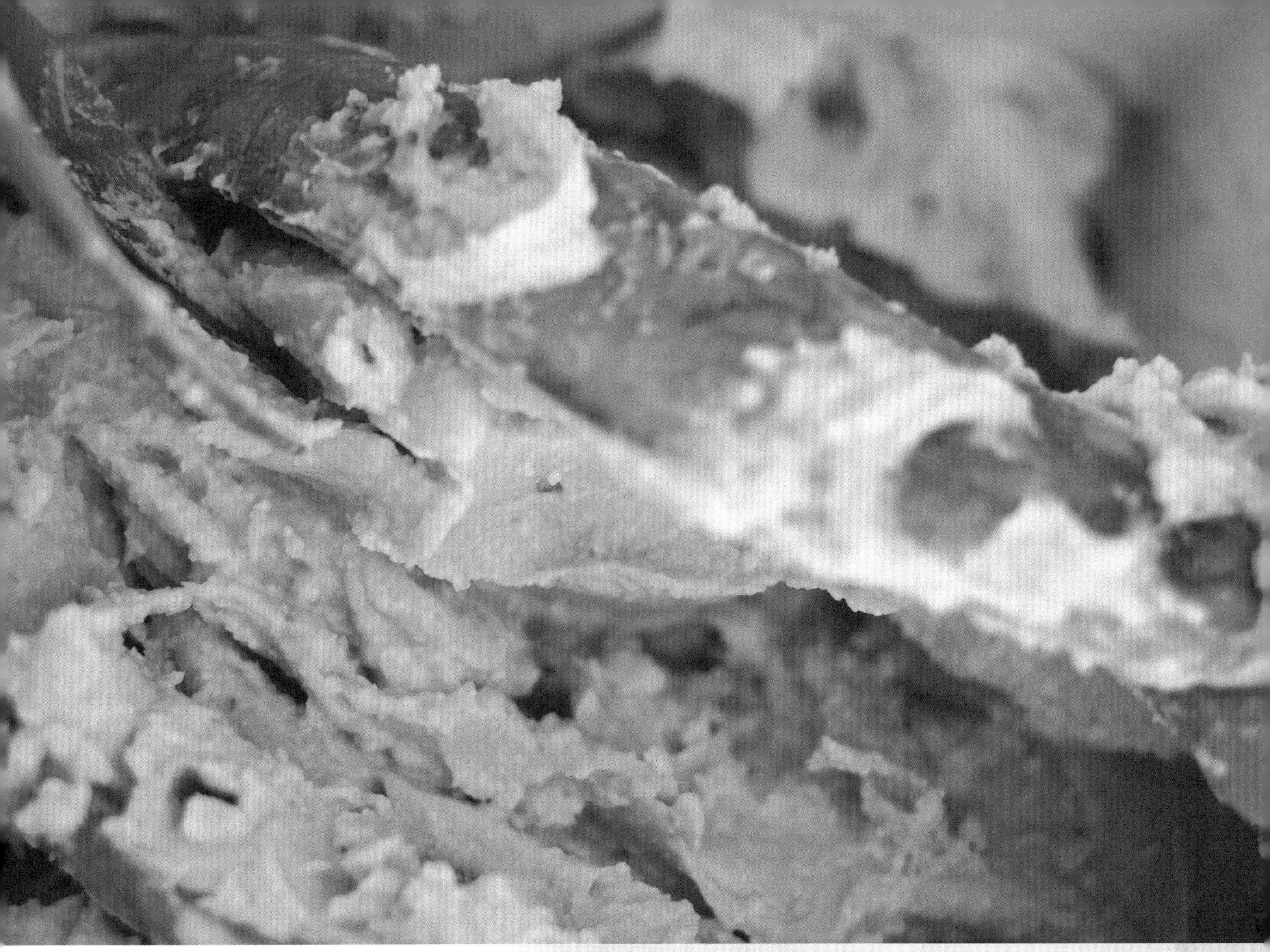

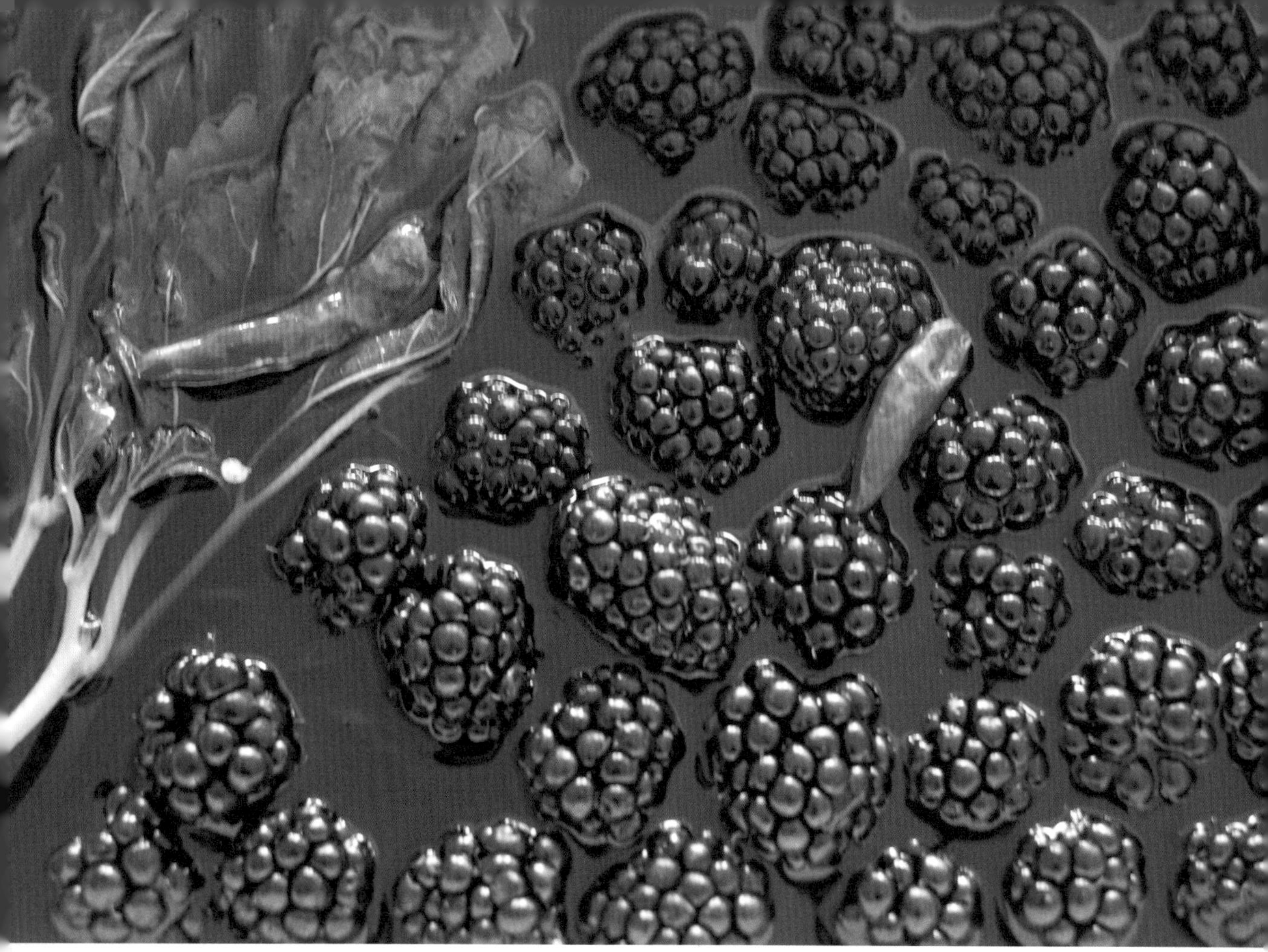

桑の実と葉の甘酢しょうゆ漬け

桑の実は初めは白く、徐々に赤く、完全に熟すと赤黒くなります。
甘酢しょうゆ漬けでは、熟した実と一緒に葉も漬け、
常備菜、副菜として楽しみます。

材料(作りやすい分量)

桑の実…300g
桑の葉…10枚

A
- だし汁(昆布)…1カップ
- しょうゆ…1/2カップ
- 酢…1/4カップ
- 小梅の梅茶 → P.042 …1/2カップ(または砂糖大さじ3)
- 鷹の爪…2本

作り方

1. 桑の葉は塩適量(分量外)を入れた湯でさっと茹でて水気を絞り、桑の葉を角バットに入れる。
2. 小鍋にAを入れて中火にかけ、煮立ったら熱いまま1に注ぐ。
3. 2が完全に冷めたら、ラップを被せて軽い重石をしてそのまま3日ほど置く。
4. 3をざるに上げ、漬け汁を鍋に移して中火にかける。煮立ったら火を止め、そのまま完全に冷ます。再度清潔な保存容器に桑の葉とともに入れ、洗って水気をきった桑の実を加える。冷蔵庫に入れ、3日ほどしたら食べられる。

保存期間_ 冷蔵庫で3か月保存可能。

山桃酢

甘い香りを放つ山桃の実りの季節は一瞬で過ぎます。
山桃の香りと真紅色が酢に移ったら使い頃。
葉も一緒に漬け込むことで、ハーブのような風味が加わります。
あえて砂糖を入れていないので、ドレッシングとして使ったり
シロップと水で割ってドリンクとして楽しんでも。

材料(作りやすい分量)

山桃…500g
白ワインビネガー(または酢)…適量
黒粒こしょう…小さじ1

作り方

1. 山桃は洗ってざるに上げて、ふきんなどで水気をふき取る。
2. 清潔な保存瓶に入れ、ひたひたに浸る程度の白ワインビネガーを注いで黒粒こしょうを加える。常温に2〜3時間置くと使い頃。

保存期間_ 冷蔵庫で3か月保存可能。

葉唐辛子のしょうゆ漬け

生の唐辛子はそのまま種を取り除かずに、葉と一緒に漬け込みます。
辛いですが、私たちは小さな器に2〜3本盛り、
少しずつかじりながらご飯のときに箸休めとしていただきます。
辛みがクセになる美味しさで、葉は刻んでご飯と混ぜておにぎりに。

材料（作りやすい分量）

葉唐辛子…1束
しょうゆ…1/2カップ
小梅の梅茶 → P.042
（または煮切りみりん）
…1/2カップ
酢…大さじ2

作り方

1. 葉唐辛子は葉と実をつみ、きれいに洗ってざるに広げる。水気が残っていたら、ふきんなどでふき取る。
2. 清潔な保存容器に入れてしょうゆを注ぐ。ラップを被せて軽い重石をし、2時間ほど置く。
3. 小梅の梅茶と酢を合わせて加えたら、すぐに食べられる。

保存期間_
冷蔵庫で3か月保存可能。

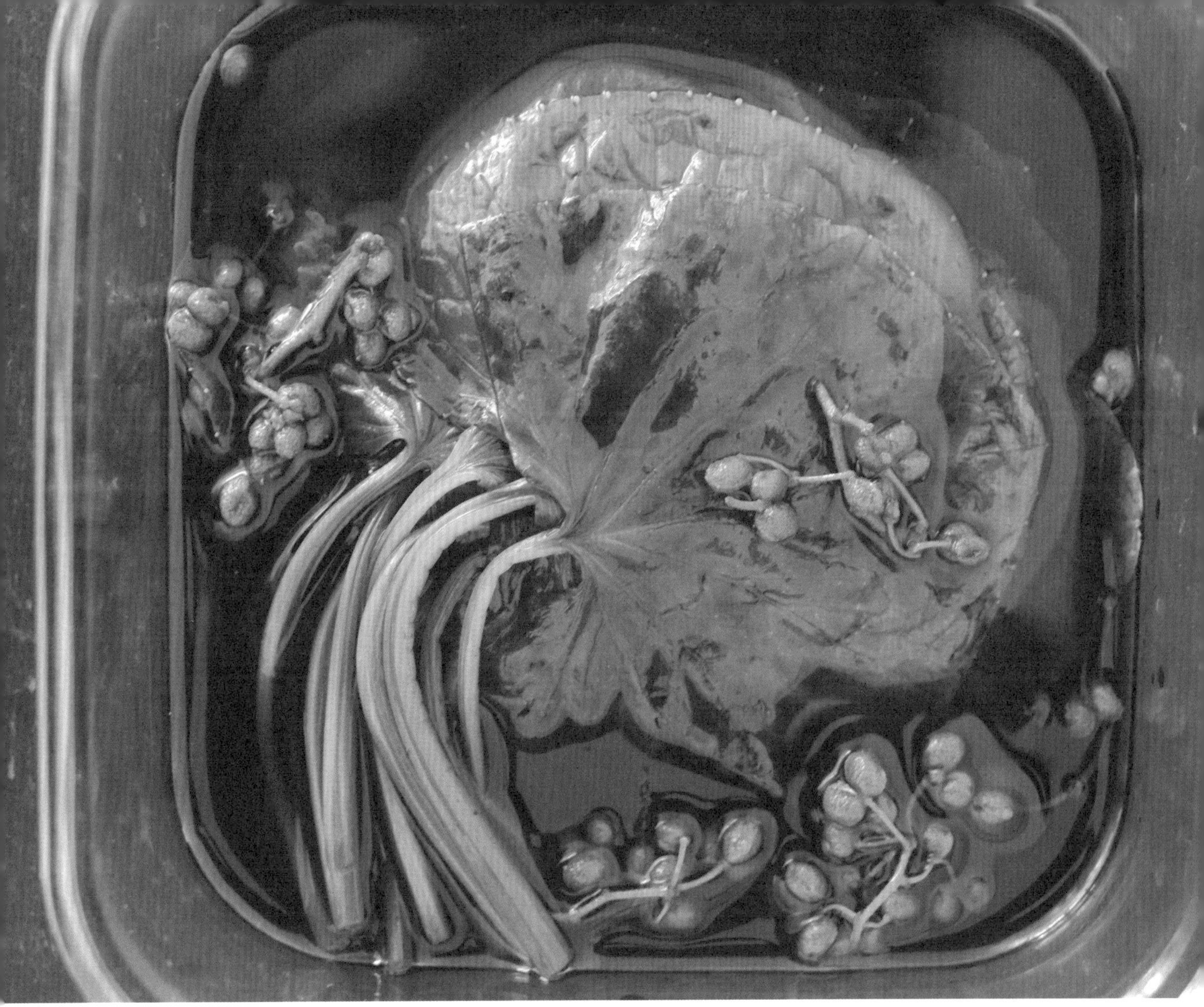

わさびの葉のしょうゆ漬け

わさびの香りと独特の刺激がほんのり葉にも残っています。
葉で温かいご飯を包んで食べるのがおすすめです。

材料(作りやすい分量)

わさびの葉…30枚
山椒のしょうゆ漬けの実
→P.064…大さじ2
しょうゆ…1/2カップ
だし汁(昆布)…1/2カップ
酢…大さじ2

作り方

1. わさびの葉はきれいに洗い、ざるに広げる。水気が残っていたら、ふきんなどでふき取る。
2. 小鍋にすべての調味料を入れて中火にかける。煮立ったら火を止め、そのまま粗熱を取る。
3. 清潔な保存容器に1を入れ、2を注ぐ。ラップを被せて軽い重石をし、そのまま3日ほど置く。
4. 3をざるに上げ、漬け汁を鍋に移して中火にかける。煮立ったら火を止め、そのまま完全に冷ます。再度わさびの葉の容器に注いだら、すぐ食べられる。

保存期間_
冷蔵庫で3か月保存可能。

青トマトの
しょうゆ漬け

出始めたばかりの、まだ若い、
青いトマトをしょうゆ漬けに。
ほんのり甘さがあり、
シャキシャキとした食感で
さっぱりと甘酸っぱく、優しい味で、
サラダのように食べられます。
器に盛り合わせているのは、
青唐辛子のしょうゆ漬け。
同じ漬け汁で
同様に漬けることができます。

材料（作りやすい分量）

青トマト（ミニトマトなども合わせて）…500g

A
- だし汁（昆布）…1カップ
- 酢…1/2カップ
- しょうゆ…1/2カップ
- 小梅の梅茶 → P.042
  （または煮切りみりん）…1/2カップ

作り方

1. 青トマトはヘタを取り除き、丸ごと清潔な保存瓶に入れる。
2. 鍋にAを入れ、中火にかける。煮立ったら火を止め、そのまま冷ます。
3. 完全に冷めたら、1に注いでそのまま3日ほど置く。
4. 3をざるに上げ、漬け汁を鍋に移して中火にかける。煮立ったら火を止めてそのまま完全に冷まし、青トマトの瓶に注ぐ。3〜4日したら同様に漬け汁を煮立てて冷まし、青トマトの瓶に注いで冷蔵庫で冷ましたら食べられる。

保存期間_　冷蔵庫で2か月保存可能。

杏ジャム

熟した杏は、部屋に置いておくだけでも、至福の香り。
丸々とした杏を見かけたら、いつもシロップやお酒に漬けます。
紹介するのは夏らしくパッションフルーツを合わせた杏ジャム。
甘酸っぱい爽やかな香りは、夏に楽しみたいお気に入りです。

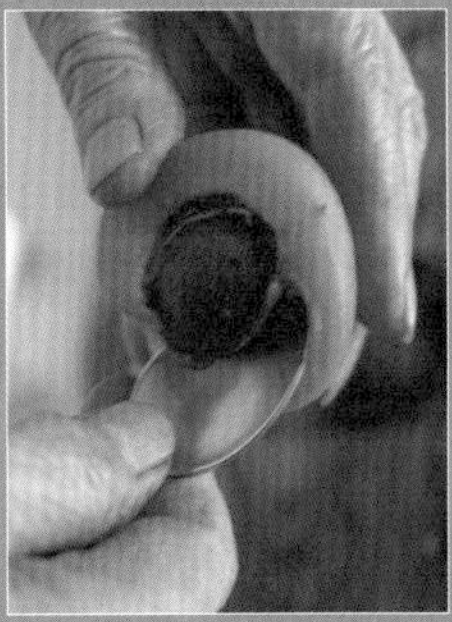

保存期間_
清潔な保存瓶に入れて脱気処理（ → P.036 ）をし、冷暗所で半年保存可能。脱気処理しなければ冷蔵庫で保存する。

材料（作りやすい分量）

杏…500g
パッションフルーツ…3個
グラニュー糖…120g
レモン果汁…1/2個分

作り方

1. 杏は竹串で生り口のヘタを取り除き、半分に割ってスプーンなどで種を取り出す（写真）。パッションフルーツは半分に切り、スプーンで実をすくい出す。
2. 鍋に 1 を入れてグラニュー糖をまぶし、しばらく置く。
3. グラニュー糖が溶けたらレモン果汁を加えて弱めの中火にかけ、アクを取り除きながらとろりとするまで混ぜながら煮る。

ルバーブジャム

ルバーブは爽やかな酸味が楽しめるので、ジャムにおすすめ。
赤いふきのような形で、煮るととろとろにやわらかくなります。
パンに塗るのはもちろん、消化作用もあるので、肉料理に添えたり、
水分を排出する作用があるので、むくんだときに少しいただくのもおすすめです。

材料（作りやすい分量）

ルバーブ…500g
きび砂糖…200〜250g
レモン果汁…1個分

作り方

1. ルバーブは1〜2cm長さに切る。
2. 鍋に1のルバーブを入れてきび砂糖をまぶし、砂糖が溶けて馴染むまで数回かき混ぜ、30分〜1時間置く。
3. 2を中火にかけて煮立ったら、レモン果汁を加えて弱火の中火にし、アクを取り除きながらとろりとするまで混ぜながら煮る。

保存期間_
清潔な保存瓶に入れて脱気処理（→ P.036）をし、冷暗所で半年保存可能。脱気処理しなければ冷蔵庫で保存する。

秋

この時季になると、田畑には作物が実り、
その豊かな実りに大地の力強さを感じるときです。
みずみずしく艶やかな新米、りんごや柚子、
栗や豆など、新物の作物に気持ちは高まり、
自然と感謝の気持ちが溢れます。
1年でいちばん寒い時季に仕込んだ味噌も、
春そして夏へと季節を巡り、
深い色と香りへと熟成し、ようやく食べ頃を迎えます。
味噌に初めてさじを入れるのは決まって朝です。
その年にできた味噌でスープを作り、
精米し立ての新米を土鍋で炊くことは、
秋の始まりの決まりごとのようになりました。

この季節にしか味わえない新米の甘さやみずみずしさ、
味噌の香り、豊かな味わいを全身で感じます。

市場に並ぶ食材に変化が見られると、
自然と身体が求める料理も変わるように思います。
こんな季節は、秋の恵みを身体全体で感じながら
季節の移ろいに思いを巡らせます。
秋の始まりを感じるような穏やかな一日もあれば、
過ぎ去る夏を惜しむかのように太陽が照りつける一日もあります。
捉えがたい季節の変化を見つめ感じながら、
心身ともに少しずつ巡る季節と親和するように日々を大切に楽しみます。
明日はどんな一日になるのか、いつもやわらかな気持ちで迎えたいものです。

アップルソース

りんごの自然な甘みを楽しめるアップルソース。
豚肉のソテーに添えたり、煮込み料理に加えれば、
お肉もやわらかく、砂糖を使わなくても優しい甘みがつきます。

材料（作りやすい分量）

りんご（紅玉など）…500g（正味）
砂糖…80g
レモン果汁…1個分
白ワイン…大さじ3

作り方

1. りんごは皮をむいて4等分のくし形切りにする。芯と種を取り除き、1〜2cm厚さのいちょう切りにする。
2. 鍋に 1 のりんごを入れて砂糖をまぶし、砂糖が溶けるまで置く。
3. レモン果汁と白ワインを加えて中火にかけ、煮立ったら弱火にして20分ほど煮る。
4. 煮崩れてきたら、木べらなどで潰しながらとろりとするまで煮る。

保存期間_
清潔な保存瓶に入れ、冷蔵庫で1週間、冷凍庫で1か月保存可能。

りんごの赤ワイン煮

赤ワインとスパイスで煮たりんごは濃厚な味わい。
作り立ての温かいものも美味しいですが、
ひと晩置くと、味が馴染んでさらに美味しくなります。
アイスクリームやサワークリームを添えれば、素敵なデザートに。

材料（作りやすい分量）

りんご（紅玉など）…1個
赤ワイン…1カップ
水…1/4カップ
グラニュー糖…25g
クローブ…6〜8粒
シナモンスティック…1本

作り方

1. りんごは皮をむいて8等分のくし形切りにし、芯と種を取り除く。シナモンスティックは半分に折る。
2. 鍋に1と残りの材料を入れ、強めの中火にかける。煮立ったら、アクを取り除いて弱火にし、落とし蓋をして15分ほど煮る。

保存期間_
清潔な保存容器に入れ、冷蔵庫で1週間保存可能。

レモン塩、柚子塩 ↓ P・092

柚子こしょう、柚子ポン酢 ↓ P.093

秋は柑橘の季節です。
シンプルに仕込めるレモン塩と柚子塩。
常備すると、サラダやドレッシング、和え物など
味つけのアクセントとして重宝します。

保存期間_　冷蔵庫で3か月保存可能。

レモン塩

材料（作りやすい分量）

レモン（ノーワックス）…3個（300g）
塩…レモンの重量の20%

作り方

1. レモンはきれいに洗ってふきんなどで水気をふき取り、縦4等分、もしくは半分に切る。
2. 種を取り除いてレモンの重量の20%の塩を量って、全体に軽くすり込み、清潔な保存瓶に入れる。1日1回瓶をふり、全体に馴染ませて水分が出るまで1週間常温に置く。

柚子塩

材料（作りやすい分量）

柚子…3個（100g）
塩…柚子の重量の20%

作り方

1. 柚子はきれいに洗ってふきんなどで水気をふき取り、縦4等分、もしくは半分に切る。
2. 種を取り除いて柚子の重量の20%の塩を量って、全体に軽くすり込み、清潔な保存瓶に入れる。1日1回瓶をふり、全体に馴染ませて水分が出るまで1週間常温に置く。

寒い季節にぴったりな柚子こしょうと柚子ポン酢。
自家製のものでいただくと、
鍋を囲む時間も一段と楽しくなります。
青柚子の旬は9月頃、
そのあと黄色く色づいた柚子の季節になります。

柚子こしょう

材料(作りやすい分量)

青柚子…6個
青唐辛子(生)…150g
塩…大さじ2

作り方

1. 青柚子はさっと洗い、塩適量(分量外)を表面にこすりつける。水で洗い流し、ふきんなどで水気をふき取って皮をすりおろす。
2. 唐辛子はヘタと種を取り除いて粗く刻む。
3. 2をすり鉢に入れてすり、塩と1の青柚子の皮のすりおろしを加えて混ぜる。清潔な保存瓶に入れ、冷蔵庫に1週間置く。

保存期間_ 冷蔵庫で1年間保存可能。

柚子ポン酢

材料(作りやすい分量)

柚子果汁…6個分
しょうゆ…柚子果汁と同量
削り節…ひとつかみ

作り方

清潔な保存瓶にすべての材料を混ぜ、冷蔵庫にひと晩置く。

保存期間_ 冷蔵庫で3か月保存可能。

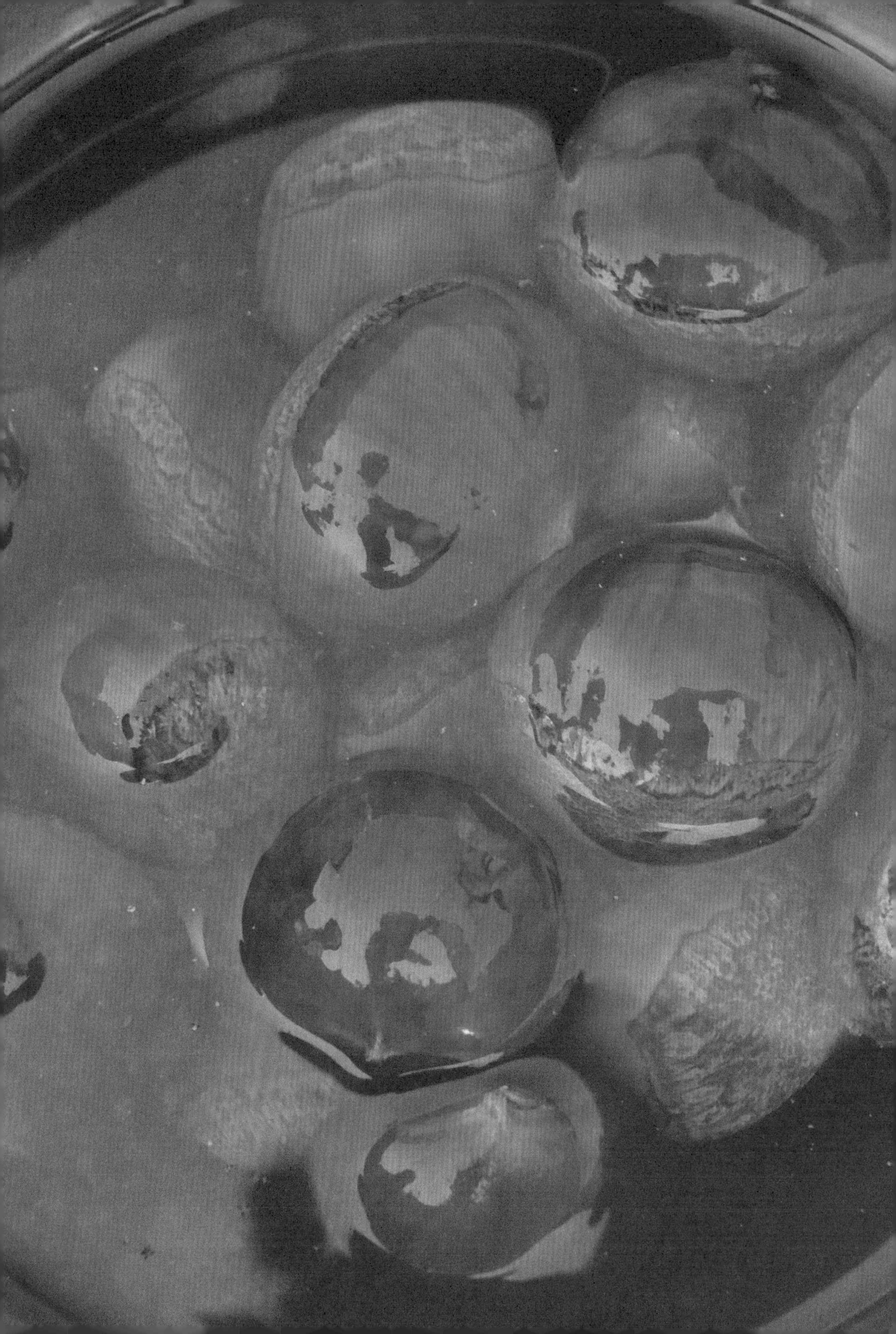

栗の渋皮煮 ↓ P.096

栗の渋皮煮

少し加える重曹は、アク抜きと渋皮をやわらかくするため。
渋皮煮はたくさん仕込んでおくと日持ちもし、
マロンペーストや甘くて濃厚な栗のデザートスープにもなります。

材料(作りやすい分量)

栗…500g
砂糖…250g
ブランデー…大さじ4
重曹…小さじ1

保存期間_
冷蔵庫で1か月保存可能。

作り方

1. 栗はボウルに入れて被る程度の熱湯を回しかけて冷めるまで30分ほど置く。栗は熱湯に浸すことで鬼皮がむけやすくなる。

2. 鬼皮がやわらかくなったら、渋皮を傷つけないように包丁で鬼皮をむく(写真)。

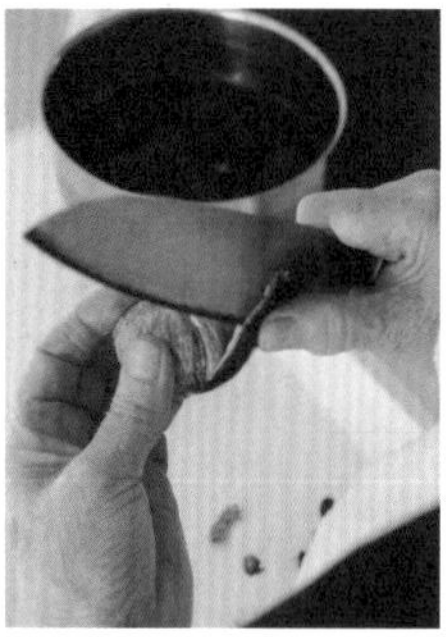

3. 鍋に栗を入れて被る程度の水を注ぎ、重曹を加えて中火にかける。煮立ったらアクを取り除き、弱火にして15分ほど茹でる。

4. 火から下ろし、細く出した流水を鍋の縁から注ぎながらゆっくり冷ます。急激に冷やすと栗が割れてしまうので注意する。

5. 粗熱が取れたら、竹串などで渋皮を傷つけないように筋を取り除き、ざるに上げて水気をきる。

6. 鍋に栗を戻し入れ、被る程度の水を注いで中火にかける。煮立ったら弱火にして5分ほど茹で、4と同様に冷ます。茹で汁が濁らなくなるまで2～3回繰り返し、ざるに上げる。

7. 鍋に6の栗を戻し入れ、被る程度の水を注ぎ、砂糖半量を加える。落とし蓋をして中火にかけ、煮立ったら弱火にして7～8分煮て、残りの砂糖を加えて同様に7～8分煮る。

8. ブランデーを加えてそのままひと晩置く。

9. 清潔な保存容器に栗を入れる。煮汁は2/3量程度になるまで煮詰め、冷めたら栗の入った保存容器に注ぐ。

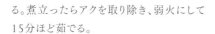

栗の渋皮煮を使って

マロンペースト

材料(作りやすい分量)

栗の渋皮煮→P.096…200g
塩…小さじ1/4

作り方

水気をきった栗の渋皮煮と塩をフードプロセッサーに入れ、なめらかになるまで攪拌する。

保存期間_ 冷蔵庫で1週間保存可能。

マロンペーストを使って

マロンスープ

材料(2人分)

マロンペースト→上記 …100g
牛乳…3/4カップ
栗の渋皮煮→P.096…適宜

作り方

1. 小鍋にマロンペーストを入れ、牛乳を少しずつ加えて弱火でなめらかになるまで温める。
2. 器によそい、好みで半分に切った栗の渋皮煮を飾る。

ポークリエット

普段お酒はいただかないのですが、
たまに一杯だけ赤ワインを飲むとき、
このリエットがよいおつまみに。
薄く切って焼いたバゲットに
たっぷりのせていただきます。

保存期間_
冷蔵庫で4〜5日、冷凍庫で2週間
保存可能。

材料（作りやすい分量）

豚肩ロース肉（ブロック）
…250g
豚バラ肉（ブロック）…200g
塩…小さじ1
玉ねぎ…1個
セロリ…1/2本
にんにく…1かけ
オリーブオイル…大さじ1/2

A
- 白ワイン…1と1/2カップ
- 水…1/2カップ
- ローリエ…1枚
- タイム…2本
- 塩…小さじ1/2
- 粗挽き黒こしょう…適量

作り方

1. 豚肉はブロックのまま塩をすり込んで30分ほど置く。
2. 流水で洗い、ペーパータオルで水気をふき取って2cm幅に切る。玉ねぎは薄切り、セロリは筋を取って斜め薄切りにする。
3. 鍋ににんにくとオリーブオイルを入れて弱めの中火で熱し、香りが出たら玉ねぎとセロリを加えて炒める。玉ねぎが透明になったら豚肉を加え、しっかり焼き色がつくまであまり触らず、両面を焼きつける。
4. Aを加えて強めの中火にする。沸騰したらアクを取り除き、蓋をして弱火で1時間半ほど煮る。
5. 蓋を取り、さらに30分ほど煮て、煮汁が鍋底から1cm残る程度になるまで水分を飛ばす。
6. ローリエとタイムを取り除いてボウルに移し、氷水に当てながら煮汁の中で肉を潰しながら冷ます。食べるときは粗挽き黒こしょう（分量外）をたっぷりふる。

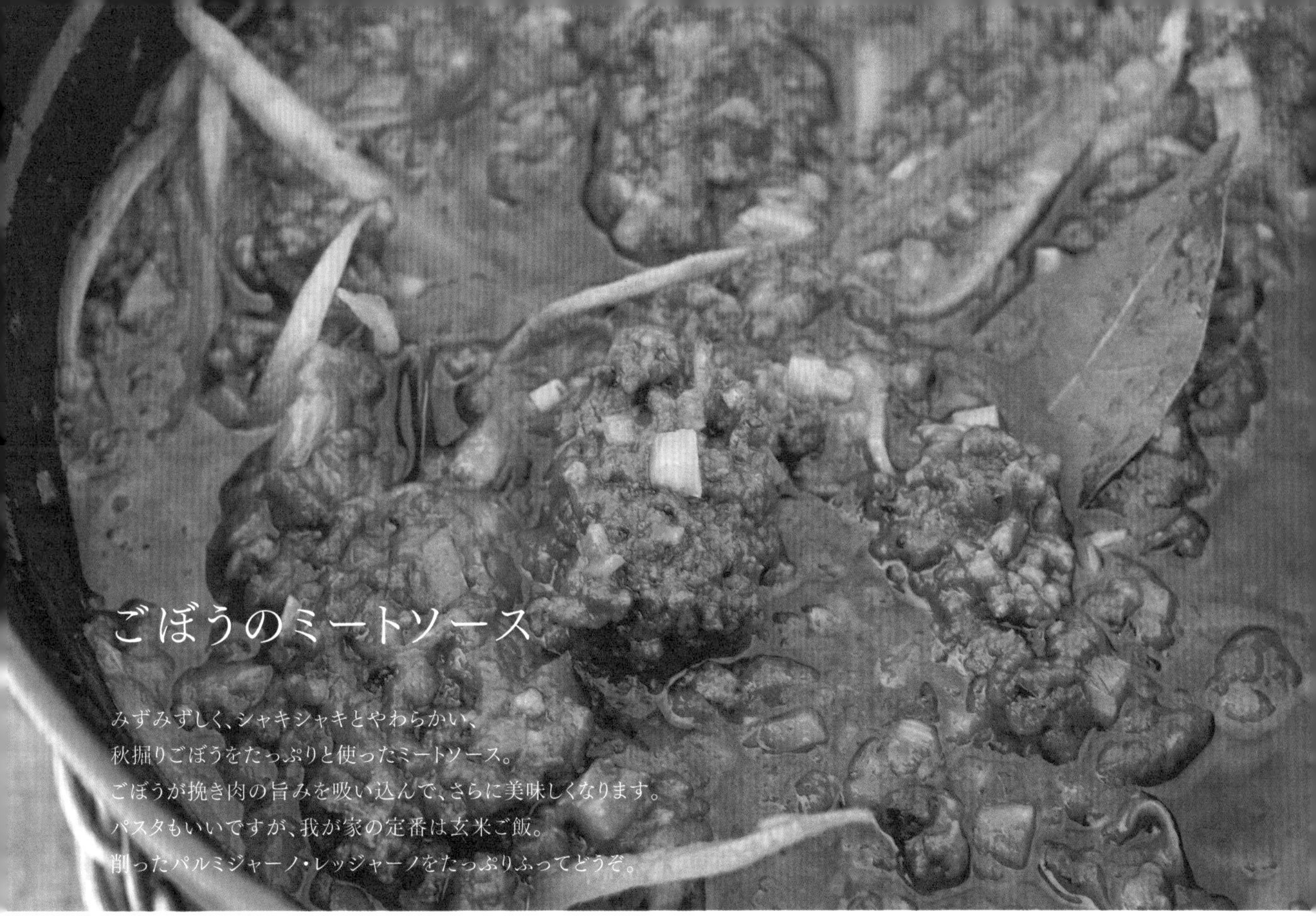

ごぼうのミートソース

みずみずしく、シャキシャキとやわらかい、
秋掘りごぼうをたっぷりと使ったミートソース。
ごぼうが挽き肉の旨みを吸い込んで、さらに美味しくなります。
パスタもいいですが、我が家の定番は玄米ご飯。
削ったパルミジャーノ・レッジャーノをたっぷりふってどうぞ。

保存期間_
清潔な保存容器に入れ、冷蔵庫で1週間、冷凍庫で1か月保存可能。

ご飯、パスタなどとともに器に盛り、好みですりおろしたパルミジャーノ・レッジャーノをふり、イタリアンパセリなどを散らしていただきます。

材料（作りやすい分量）

牛挽き肉…600g
ごぼう…2本
にんじん…1/2本
玉ねぎ…1個
セロリ…1/2本
にんにく…1かけ
トマト缶（ホール）…2缶
赤ワイン…1カップ
水…1/2カップ
ローリエ…1〜2枚
ドライバジル…小さじ1
オリーブオイル…適量
塩…適量
粗挽き黒こしょう…適量

作り方

1. ごぼうはたわしで洗い、ささがきにしながら水を張ったボウルに入れる。水を2〜3回替えて洗い、ざるに上げて水気をきる。
2. にんじんと玉ねぎは粗みじん切りにする。セロリは筋を取り、同様に粗みじん切りにする。にんにくはみじん切りにする。
3. トマト缶はボウルに入れて手で潰し、かたいヘタの部分を取り除く。
4. 鍋にオリーブオイル大さじ1とにんにくを入れて弱火で熱する。香りが出たら、オリーブオイル大さじ2をさらに加え、ごぼう、にんじん、玉ねぎ、セロリを加えて弱めの中火で10分ほど炒め、一度取り出す。
5. 鍋にオリーブオイル大さじ1を入れ、挽き肉を炒める。塩小さじ1、粗挽き黒こしょう少々をふる。そのまま肉に焼き色がつくまで触らずに置き、焼き色がついたら裏返し、さらに焼き色をしっかりつける。
6. 炒めた野菜を戻し入れて赤ワインを加え、2〜3分煮る。3のトマト缶、水、ローリエを加えて弱火にし、途中何度か鍋底から混ぜながら、20〜30分煮る。ドライバジルを加えてひと煮立ちさせ、塩と粗挽き黒こしょうで味を調える。

茹でビーツ

甘く、大根のような食感のビーツは別名“ウズマキダイコン”。
ビーツは食べる輸血といわれるほど造血作用が高く、
空気が乾燥し始め、身体が潤いを求めている
この時季には最高の野菜です。
茹でたものを冷蔵庫に常備しておけば、
ピクルス、ソテー、スープにしたりと手軽に料理に使えます。

材料(作りやすい分量)

ビーツ…2～3個

作り方

1. ビーツはきれいに洗い、皮つきのまま鍋に入れ、たっぷりの水を注いで中火にかける。
2. 沸騰したら蓋をずらしてのせ、弱めの中火にして30分ほど茹でる。そのまま粗熱を取り、皮をむいて清潔な保存容器に入れる。

保存期間_　冷蔵庫で4～5日保存可能。

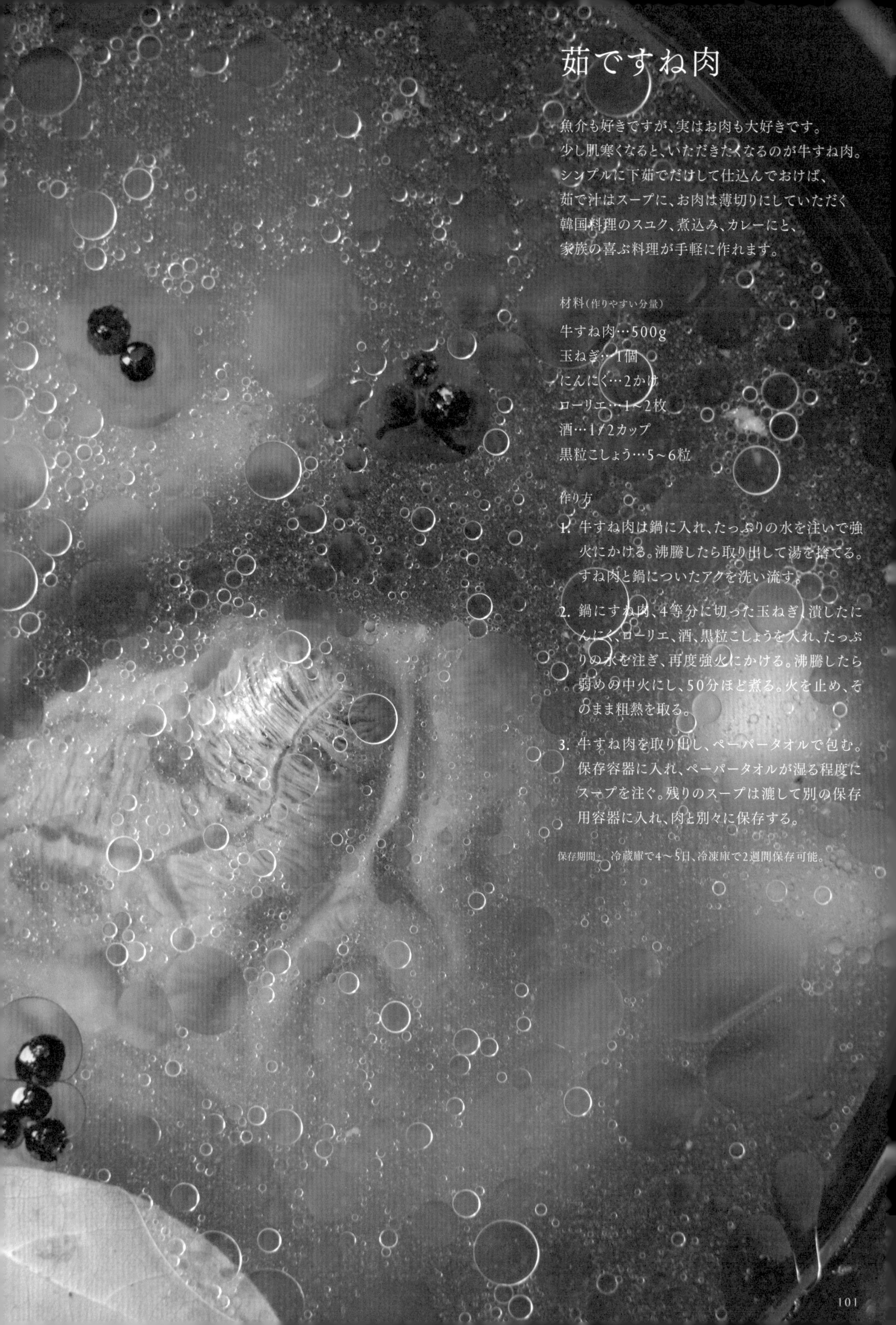

茹でずね肉

魚介も好きですが、実はお肉も大好きです。
少し肌寒くなると、いただきたくなるのが牛すね肉。
シンプルに下茹でだけして仕込んでおけば、
茹で汁はスープに、お肉は薄切りにしていただく
韓国料理のスユク、煮込み、カレーにと、
家族の喜ぶ料理が手軽に作れます。

材料（作りやすい分量）

牛すね肉…500g
玉ねぎ…1個
にんにく…2かけ
ローリエ…1〜2枚
酒…1/2カップ
黒粒こしょう…5〜6粒

作り方

1. 牛すね肉は鍋に入れ、たっぷりの水を注いで強火にかける。沸騰したら取り出して湯を捨てる。すね肉と鍋についたアクを洗い流す。
2. 鍋にすね肉、4等分に切った玉ねぎ、潰したにんにく、ローリエ、酒、黒粒こしょうを入れ、たっぷりの水を注ぎ、再度強火にかける。沸騰したら弱めの中火にし、50分ほど煮る。火を止め、そのまま粗熱を取る。
3. 牛すね肉を取り出し、ペーパータオルで包む。保存容器に入れ、ペーパータオルが湿る程度にスープを注ぐ。残りのスープは漉して別の保存用容器に入れ、肉と別々に保存する。

保存期間　冷蔵庫で4〜5日、冷凍庫で2週間保存可能。

茹でビーツを使って

ビーツのピクルス

材料（作りやすい分量）

茹でビーツ→P.100 …1個
［ピクルス液］
　酢…1カップ
　水…1カップ
　砂糖…大さじ1
　塩…小さじ1/4

作り方

1. ビーツは4等分のくし形切りにして1cm厚さに切り、清潔な保存容器に入れる。
2. 鍋にピクルス液の材料を入れて中火にかけ、ひと煮立ちさせる。熱いまま1に注ぎ、粗熱が取れたら冷蔵庫に4〜5日置く。

保存期間_ 冷蔵庫で1週間保存可能。

茹でビーツを使って

ビーツのソテー

材料（2人分）

茹でビーツ→P.100 …1個
オリーブオイル…大さじ1
塩…適量

作り方

1. ビーツは厚めの半月形に切る。
2. フライパンにオリーブオイルを中火に熱し、1のビーツを焼く。軽く両面に焼き目がつくまで焼いたら、器に盛って塩をふる。

茹ですね肉を使って

牛すね肉のスユク

材料（2人分）

茹で牛すね肉 → P.101 …200〜300g
ルッコラ…適量
洋梨…適量
レモン塩 → P.092 *…適量
オリーブオイル…適量

*レモン塩がない場合は、レモンを搾り、塩をふる。

作り方

牛すね肉はペーパータオルで水気をふき取る。薄切りにして皿に盛り、ルッコラ、皮をむいて食べやすく切った洋梨、レモン塩を添え、オリーブオイルを回しかける。

茹ですね肉と茹でビーツを使って

牛すね肉とビーツの赤い煮込み

材料（4〜5人分）

茹ですね肉 → P.101 …200〜300g
茹ですね肉の茹で汁 → P.101 …4カップ
茹でビーツ → P.100 …1個
にんじん…1/2本
玉ねぎ…1/2個
セロリ…1/3本
トマト…小1個
塩…適量
粗挽き黒こしょう…適量
ディル…適量
サワークリーム…適量

作り方

1. にんじんは皮をむいて乱切り、玉ねぎは8等分のくし形切りにする。セロリは筋を取って3cm長さに切る。トマトはヘタを取り除いて湯むきして、4等分のくし形切りにする。
2. ビーツは厚めの半月切りにし、牛すね肉は大きめのひと口大に切る。
3. 鍋に牛すね肉の茹で汁を入れて中火にかける。煮立ったら、1の野菜を加えて15分ほど煮る。牛すね肉とビーツも加えて5分ほど煮て、塩と粗挽き黒こしょうで味を調える。
4. 器によそい、ディルとサワークリームを添える。

花豆と黒米のマリネ

ふっくらと戻した花豆が美味しいマリネです。
しっとりとやわらかい食感が、
黒米のプチプチとした食感とよく合います。
ドライトマトの甘酢っぱさ、パンチェッタの塩気で
止まらない美味しさです。
豆は黒豆、大豆などお好みのものを使っても。
茹でてあるものを使えば、さらに手軽に作れます。
粗く刻んだ柿、りんご、オレンジ、いちごなど
季節の果物を加えるのも好きです。

材料（作りやすい分量）

紫花豆（乾燥）…50g
レンズ豆（乾燥）…50g
黒米…大さじ3
黒キャベツ（または小松菜、ほうれん草）…2枚
ドライトマト…20g
パンチェッタ（ブロック）…40g
A
- 紫玉ねぎ…1/4個（粗みじん切りにする）
- イタリアンパセリのみじん切り…大さじ2
- オリーブオイル…大さじ2
- 赤ワインビネガー…大さじ1
- 粒マスタード…小さじ1

塩…適量
粗挽き黒こしょう…適量

作り方

1. 紫花豆は3時間ほど水に浸し、水気をきって鍋に入れる。豆の3～4cm上まで水を注ぎ、中火にかける。煮立ったら弱火にし、蓋をして30～40分茹でる。指で挟んで潰れるほどやわらかくなったら、ざるに上げて水気をきる。茹でている最中、水が減ったら、適宜足す。
2. レンズ豆は洗ってざるに上げて水気をきり、鍋に入れる。たっぷりの水を注いで中火にかけ、煮立ったらそのままアクを取りながら、15分ほど煮る。
3. 黒米は洗ってざるに上げて水気をきり、鍋に入れる。たっぷりの水を注いで中火にかけ、煮立ったらそのまま20分ほど茹で、ざるに上げて水気をきる。
4. 黒キャベツは塩少々を入れた湯でさっと茹でて水気をきる。さらにしっかり絞り、ざく切りにする。ドライトマトは1cm幅、パンチェッタは細切りにする。
5. フライパンにオリーブオイル（分量外）を薄く引き、パンチェッタを中火で炒める。軽く色づいたら黒キャベツを加えてさっと炒め合わせて取り出す。
6. ボウルに 1 、2 、3 、5 、ドライトマトを入れる。合わせたAを加えて和え、塩と粗挽き黒こしょうで味を調える。

保存期間_　清潔な保存容器に入れ、冷蔵庫で4～5日保存可能。

生青海苔のキムチ

新海苔といわれる青海苔の旬は11月から始まります。
やわらかく、黒々として光沢があり、香り高い風味が特徴。
韓国ではこの生の青海苔を使って、キムチを作ります。
ごま油とにんにくで、最高のご飯のおともになります。

材料(作りやすい分量)

青海苔(生)…200g
せり…1/4束
小ねぎ…3本
赤唐辛子(生)…1/3本
青唐辛子(生)…1/3本
にんにくのすりおろし…少々
しょうがのすりおろし…少々
白炒りごま…大さじ2(半ずりする)
イカの塩辛(またはあみの塩辛)…大さじ1
はちみつ…小さじ2
しょうゆ…小さじ1

作り方

1. 青海苔はざるに入れて洗い、水気をしっかり絞る。せりは1cm幅、小ねぎは5mm幅、唐辛子は粗みじん切りにする。
2. ボウルに1と残りの材料を入れて混ぜ、清潔な保存容器に入れる。

保存期間_
冷蔵庫で4〜5日保存可能。

かぶと柿の即席キムチ

和えるだけの即席キムチは、忙しいときでも簡単に作れます。
このキムチで使うのは、まだ熟していなくて青さが残るかたい柿。
ほんのりとした甘みもあり、たらこの塩気とよく合います。
すぐにでも食べられますが、少し置くと柿がとろっとして味も馴染みます。

保存期間_
清潔な保存容器に入れ、冷蔵庫で5日保存可能。

材料（作りやすい分量）

かぶ…5個
かぶの葉（内側のやわらかいところ）…適量
柿（青さが残り、かたいもの）…2個
小ねぎ…2〜3本
せり…2〜3本
塩…かぶと葉の重量の3%

A
- 粉唐辛子（粗挽き）…大さじ3
- にんにくのすりおろし…1/2かけ分
- しょうがのすりおろし…小さじ1/2
- 白炒りごま…大さじ1（半ずりする）
- たらこ…1/2腹（薄皮からしごき出す）

作り方

1. かぶは皮つきのまま茎を2〜3cm残して切り落とす。茎の根元に流水を当てながら竹串などを使って土を洗い流し、6等分のくし形切りにする。やわらかい葉は3cm幅に切る。柿は皮をむいてヘタを取り除き、8等分のくし形切りにする。種があれば取り除く。
2. ボウルにかぶの葉を入れ、量った塩3%からひとつまみ取ってボウルに加え、軽くもむ。かぶと残りの塩を加え、さらにもむ。皿などで軽い重石をする。30分ほど置いてさっと洗い、水気を絞る。
3. 別のボウルに柿、2、2cm幅に切った小ねぎとせり、Aを入れて和える。すぐに食べられるが、冷蔵庫に1〜2時間置くと味が馴染む。

白菜と麹の水キムチ ↓ P.110

白菜と麹の水キムチ

「水キムチはいつ食べるのですか?」そんな質問を受けることがあります。
もちろん、水キムチは食事のときにいただきます。
まずは漬け汁を口にして口の中を潤し、食事がスタートします。
寒くなって白菜の甘みが増してくると、この水キムチの出番です。
白菜から出てきた甘みのある水分も加えて漬けるのが美味しく漬けるコツです。
あれば小梅の梅茶(→P.042)を大さじ2ほど加えると、
ほどよい果実味が広がって、味に広がりが出ます。

材料(作りやすい分量)

白菜…1/4個(300g)
大根…1/3本(300g)
りんご…1/2個
玉ねぎ…1/4個
小ねぎ…6本
せり…2～3本
赤唐辛子(生)…1本
もち粉(またはおかゆ大さじ2～3)
…大さじ1
だし汁(昆布)…6カップ
塩…適量

A
- 長ねぎのぶつ切り…5cm分
- にんにくの薄切り…2かけ分
- しょうがの薄切り…5～6枚
- 鷹の爪…1～2本
(種は除かず、ヘタのみを取る)

[塩きり麹*]
米麹(乾燥)…60g
塩…小さじ1/4
湯(60℃程度)…1/2カップ

*塩きり麹とは、昔ながらの発酵の方法です。麹と塩を混ぜて保存すると、麹の品質を保持しつつ、長期保存が可能になります。

保存期間_　冷蔵庫で2～3週間保存可能。

作り方

1. 白菜は芯と葉に分け、芯は3cm角の色紙切り、葉はざく切りにしてそれぞれ洗い、ざるに上げて水気をきる。大根は皮つきのまま、3cm角の色紙切りにする。りんごは皮を水で濡らし、塩適量でこすり、流水で洗う。ヘタと芯を取り除き、皮つきのまま2～3mm厚さのいちょう切りにする。玉ねぎは薄切り、小ねぎとせりは3～4cm幅に切る。唐辛子はヘタを取り除き、5mm幅の斜め切りにする。

2. 白菜と大根、それぞれの重量の4%の塩を準備する。まず白菜の芯をボウルに入れて分量の塩をふって軽くもみ(写真a)、全体に馴染んだら白菜の葉を加えて全体を混ぜて(写真b)ラップを被せ、皿などを置いて重石をする(写真c)。大根も同様に分量の塩をふり、軽くもんで同様にラップを被せて重石をする。途中上下を返し、白菜は2時間、大根は30分ほど置く。白菜は出てきた漬け汁ごとボウルに入れておく。大根はざるに上げて水気をきる。

3. 塩きり麹の材料を混ぜ、2時間ほど置く。

4. 小鍋にもち粉とだし汁3/4カップを入れて弱火にかける。フツフツしてきたら、とろみが出るまで混ぜて火を止める。粗熱が取れたらボウルに移し、残りのだし汁と塩小さじ2を加えて混ぜる。

5. 白菜のボウルに水気をきった大根、お茶パックに入れたA、4のだし汁と塩きり麹、りんご、玉ねぎ、小ねぎ、せり、唐辛子を加えてひと混ぜする(写真d)。味を見て、塩を加えて混ぜる。野菜からも水分が出るので、少し辛いかなと感じる塩加減がちょうどよい。清潔な保存瓶に入れ、冬場は3日、夏場は1日ほど常温に置いてから冷蔵庫に移し、3～4日してシュワシュワと発酵してきたら食べられる。

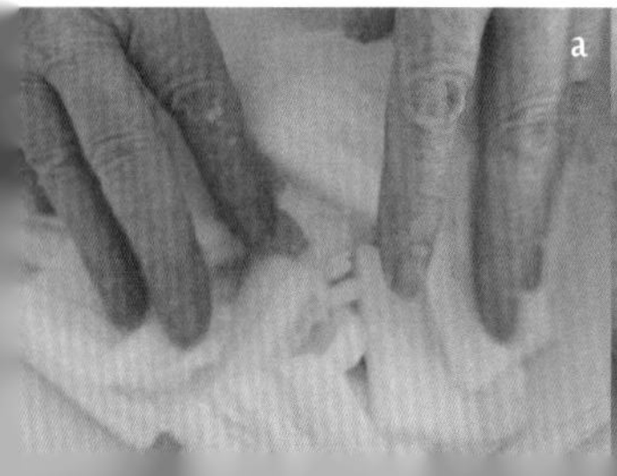
a

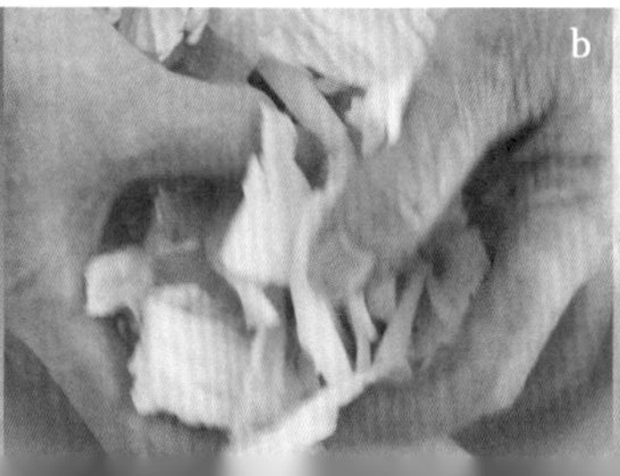
b

c

d

ミニトマトの水キムチ

トマトの酸味と甘みが爽やかで、夏にもぴったりです。
白菜と麹の水キムチより材料も手間も少なく、手軽に作れます。

材料(作りやすい分量)

カラフルミニトマト…30個
紫玉ねぎ…1/3個
ハーブ(ミント、ディルなど)…適量
もち粉…大さじ1/2
だし汁(昆布)…3カップ
レモン果汁…1個分
塩…小さじ1〜1と1/2

A
- 長ねぎのぶつ切り…5cm分
- にんにくの薄切り…1かけ分
- しょうがの薄切り…3枚
- 鷹の爪…1〜2本
(種は除かず、ヘタのみを取る)

作り方

1. ミニトマトはヘタを取り除き、紫玉ねぎは薄切りにする。
2. 鍋にもち米とだし汁1/2カップを入れて弱火にかける。フツフツしてきたら、とろみが出るまで混ぜて火を止める。粗熱が取れたらボウルに移し、残りのだし汁、レモン果汁、塩を加えて混ぜる。
3. 2に1のミニトマトとお茶パックに入れたAを加えて混ぜる。
4. 清潔な保存瓶に入れ、冬場は3日、夏場は1日ほど常温に置いてから冷蔵庫に移し、3〜4日してシュワシュワと発酵してきたら食べられる。器に盛り、葉をつんだハーブを散らす。

保存期間_
冷蔵庫で2〜3週間保存可能。

アンチョビ ↓ P.114

鰯の酢漬け ↓ P・114

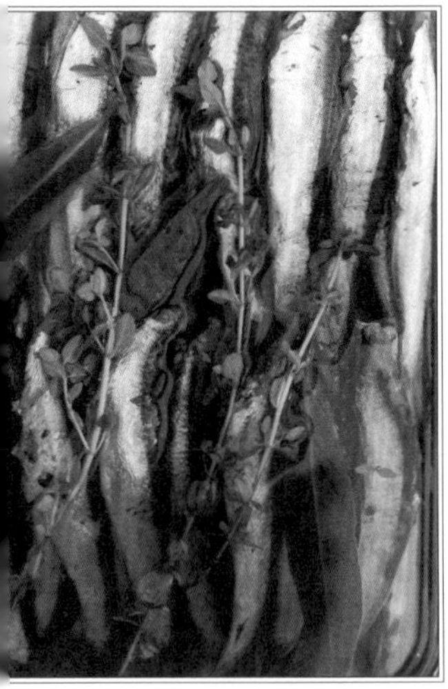

アンチョビ

アンチョビに使う鰯は、小ぶりなカタクチイワシ。
料理の風味づけに重宝する保存食です。
まずは塩漬けにしてから、オイル漬けにします。
塩漬けした際に出た水分はナンプラーとしても楽しめます。
オイルに漬ける際は、カビと酸化を防ぐため、しっかり浸るようにたっぷり注ぎましょう。

材料（作りやすい分量）

鰯（カタクチイワシ、新鮮なもの）
…500g
塩…鰯の重量の20％
ローリエ…1枚
タイム…2本
鷹の爪…1本
オリーブオイル…適量

作り方

1. 鰯は塩水で洗い、ざるに上げて水気をきる。
2. 頭と内臓を取り除き、さらに塩水で洗い、ペーパータオルで水気をふき取る。手開きまたはスプーンで三枚に下ろし、骨を取り除く。
3. 2の鰯の重量の20％の塩を準備する。分量の塩からひとつかみ取り分ける。清潔な保存瓶に鰯と残りの塩を交互に重ね入れ、最後に取り置いた塩を蓋をするように入れる。瓶の蓋をして冷蔵庫で半年ほど休ませる（写真）。

4. 3の鰯の水気をペーパータオルでふき取り、清潔な角バット、または保存瓶に入れ、ローリエ、タイム、鷹の爪をのせて鰯がしっかり浸かるようにオリーブオイルを注ぐ。

保存期間_
冷蔵庫で1年間保存可能。

鰯の酢漬け

青魚の旬は秋。魚は苦手な方も多いですが、
ハーブと一緒に酢に漬けておくだけで、
ほどよく身が締まり、臭みも気にならずにいただけます。
我が家では、ポテトサラダやちらし寿司の具としても楽しみます。

材料（作りやすい分量）

鰯（新鮮なもの）…4尾
ディル…1本
イタリアンパセリ…1本
鷹の爪…2本
塩…適量
酢…適量

作り方

1. 鰯は塩水で洗い、ざるに上げて水気をきる。三枚に下ろし、さらに塩水で洗い、ペーパータオルで水気をふき取る。鷹の爪は種を取り除く。
2. 1に塩をふり、水気が出てくるまで置く。出てきた水気をペーパータオルでふき取り、角バットに並べる。
3. 酢をひたひたに浸る程度注ぎ、ディル、イタリアンパセリ、鷹の爪をのせる。数回上下を返しながら、冷蔵庫に2〜3時間置く。

保存期間_
冷蔵庫で3〜4日保存可能。

鰯の酢漬けを使って

ポテトサラダ

材料（2人分）

鰯の酢漬け → P.116 …4枚
じゃがいも…2〜3個
紫玉ねぎ…1/4個
ケイパー（酢漬け）…小さじ2
ディル…2本
マヨネーズ…大さじ3
酢…大さじ1
オリーブオイル…大さじ1
塩…適量
粗挽き黒こしょう…適量

作り方

1. 鰯の酢漬けは水気をペーパータオルでふき取り、2〜3cm幅のそぎ切りにする。
2. 鍋に湯を沸かし、洗ったじゃがいもを20分ほど茹でる。竹串がすっと通るまで火が通ったら、熱いうちに皮をむいてボウルに入れる。木べらで粗く潰し、酢とオリーブオイルを加えて混ぜる。
3. 紫玉ねぎは薄切りにし、塩少々をふって軽くもむ。5分ほど置いてしんなりしたら、さっと洗って水気を絞る。
4. 2に鰯、紫玉ねぎ、ケイパー、マヨネーズ、葉をつんだディルを加えてさっくり混ぜ、塩と粗挽き黒こしょうで味を調える。
5. 器に盛り、好みで粗挽き黒こしょうをふる。

〆鯖の柿の葉寿司 ↓ P・118

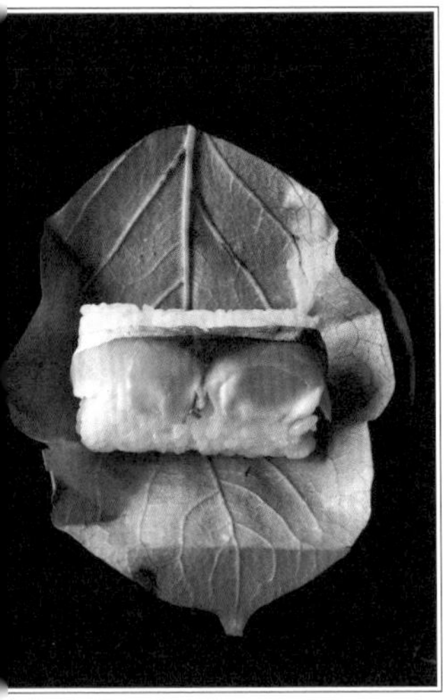

〆鯖の柿の葉寿司

砂糖は塩同様に脱水効果があり、適度に魚の水分を抜いてくれます。
まず砂糖漬けにしてから塩漬けにすることで、
塩辛くなるのを防ぎ、水分とともに臭みを抜くことができます。
酢は長く漬け過ぎると脂が抜けてしまうので、漬け過ぎないように注意しましょう。
寿司飯は大きい葉であれば40g、小さい葉であれば30gが目安です。
包まずに、道明寺のようにくるりと巻くのも手軽で可愛らしいです。

材料(作りやすい分量・50貫)

鯖半身(新鮮なもの)
…1枚(250g)
柿の葉…50枚
米…2合
酢…適量
砂糖…適量
塩…適量

作り方

1. 〆鯖を作る。鯖は塩水でさっと洗い、ペーパータオルで水気をしっかりふき取る。
2. 角バットに鯖を置き、砂糖を両面にまぶして1時間ほど置く。
3. 2を洗い流し、ペーパータオルで水気をしっかりふき取る。角バットに鯖を置いて鯖が隠れるほどたっぷりと両面に塩をまぶし、再度1時間ほど置く。
4. 3を洗い流し、ペーパータオルで水気をしっかりふき取る。角バットに鯖を置き、酢をひたひたに注ぎ、20〜30分置く。
5. 米は研ぎ、ざるに上げて30分ほど置く。厚手の鍋に米を入れ、米と同量の水を加えて強火にかける。沸騰したら弱火にし、13分ほど炊いたら火を止めてそのまま10分ほど蒸らす。
6. 酢大さじ3、砂糖大さじ1と1/2、塩小さじ1を混ぜて寿司酢を準備する。ボウルに炊き上がったご飯を広げて入れ、寿司酢を回しかけてしゃもじでご飯を下から持ち上げ、上下を返すように混ぜる。ご飯がほぐれてきたら、切るようにして混ぜる。ご飯が乾燥しないようにかたく絞った濡れふきんをかけて冷ましておく。
7. 〆鯖の水気をペーパータオルでふき取り、薄いそぎ切りにする。寿司飯30〜40gを手に取り、俵形に成形する。
8. 柿の葉で包む。殺菌のため、葉は塩と酢各適量を加えた水で洗い、ペーパータオルで水気をふき取る。きれいな葉の面を下にして置き、酢を薄く塗り、葉の中央に〆鯖、寿司飯の順に置く(写真a、b)。くるりと巻いたら、両端を折るようにして畳み(写真c)、端を下にして置く。清潔な容器に入れ、バットなどで重石をし(写真d)、〆鯖と寿司飯が馴染むまで20分ほど置く。

保存期間_ 冷蔵庫で2日保存可能。

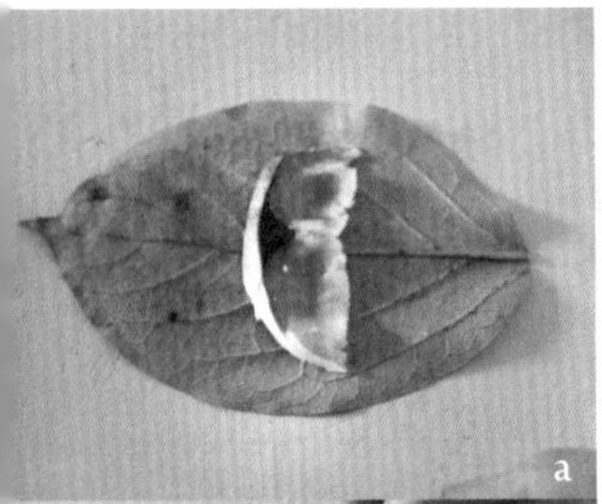

a

b

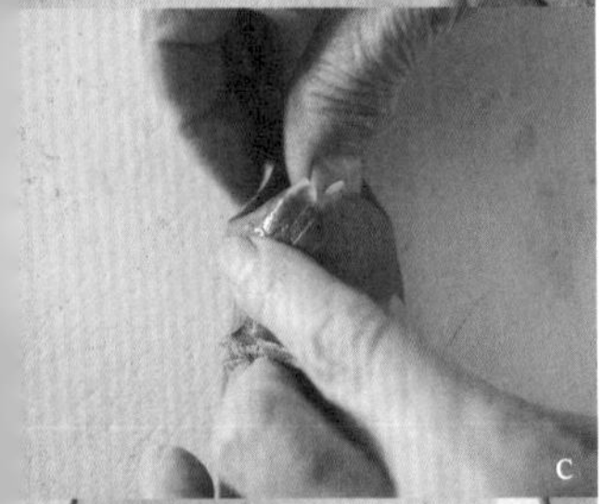

c

d

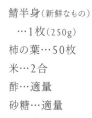

殺菌作用のある柿の葉でくるりと包んだ〆鯖寿司。
包まなくてもきれいに仕上がります。

冬

冬は発酵で楽しむ仕込みものの時季です。
霜が降り始め、白菜が甘みを増すとキムチを仕込み、
糠床に手を入れ、1年分の味噌を仕込んで少しずつ冬の支度を始め、
冬の訪れを感じながら、厳しい寒さに備えるように衣食住を整えます。

幾年月、白菜キムチや糠床、味噌などを作ってきたことでしょう。
いつからか、こうして繰り返せることの有り難さや
楽しさを感じられるようになりました。
それは繰り返すことの中にある豊かさを感じ、
発酵という自然の働きを必要とする調理と五感を研ぎ澄まして向き合う楽しさ。
毎年繰り返して作っていても、そのたびごとに新しい気づきを与えてくれます。

みずみずしく甘みを増した白菜、大豆や麹を吟味して手に取りながら、
どれくらい塩をすべきか、どのように手をかけるかを感じ取ろうと努めます。
洗練されたレシピはいつも私たちを正しい方向に導いてくれますが、
それでもレシピを追いながら実際に手を動かすと、
自然とそのときどきの必要な加減が見えてくるものです。
自家製の発酵食作りにはたくさんのご褒美もついてきます。
作り立ての若く、みずみずしい美味しさを味わえることもそのひとつ。
そして発酵が進むにつれて味わいは豊かに変化していきます。
そんな過程も楽しんでほしいから、
おすそ分けには作り立てをお渡ししたいものです。

発酵がもたらすふくよかで幸福な時間が
冬の暮らしの楽しみへと繋がっていき、
満ち足りた特別な時間をもたらしてくれるでしょう。

冬の糠床 → P·124

冬の糠床

寒くなる時季の糠床は、発酵も穏やかです。
毎日かき混ぜなくてもよいので、
実は夏場よりも冬場の糠床作りをおすすめしています。
捨て漬け用の野菜は水分があるもの、
香りがあるもの、
甘みがあるものなどを入れてください。
りんごは香りがよく、
甘みもあるので、発酵がよく進みます。
漬けるものは、お馴染みの野菜だけでなく、
ブロッコリーやしいたけなども。
アボカド、金柑、ぶどう、柿などの果物や、
魚や肉なども漬けられます。
金柑やぶどうなどは、
糠をつけたままいただくと、
香ばしい糠の香りと塩気で果物の甘みが引き立ち、
また糠の発酵菌がそのまま食べられて
身体にもとてもよいので、ぜひ試してみてください。
冒険心でいろんな食材を漬けてみると、
糠床の新しい美味しさを発見できます。

《 下準備 》

ホウロウ、または陶製の容器に熱湯を回しかけ、ホワイトリカーや食品用除菌アルコールなどを含ませたふきんなどで全体をふく。

材料(作りやすい分量・容器容量2ℓ)

米糠(生)…1kg
塩…100〜120g(夏場は120〜130g)
水…5〜6カップ
大豆(乾燥)…150g
煮干し…25g
昆布(5cm)…8枚
鷹の爪…1〜2本
干ししいたけ…2〜3個
柚子の皮…1個分
干しなつめ…5〜6個
しょうがの薄切り…3〜5枚
山椒の塩茹で→P.060…大さじ2
捨て漬け用の野菜
(大根、白菜の外側の葉、にんじんや大根の皮、りんごなど)…適量

作り方

1. 大豆はフライパンで皮が弾ける程度に炒り、煮干しはワタを取り除く(写真 a)。
2. 捨て漬け用の野菜はきれいに洗って水気をよくきり、取り出しやすいように大きめに切る。
3. 大きめの角バットなどに米糠を入れ、塩を加えて混ぜる(写真 b)。1度沸騰させて冷ました水を回しかけ(写真 c)、しっとりとするまで混ぜたら 1 を加えてまんべんなく混ぜる(写真 d)。
4. 混ぜた糠床に残りの材料を順に加えて混ぜる(写真 e)。
5. 両手で空気を抜くようにしながら丸め(写真 f)、空気が入らないように容器に詰めていく。表面を平らにならして押さえ、容器についた糠をきれいにふき取り(写真 g)、風通しのよい冷暗所に置く。
6. 捨て漬け用の野菜は1〜2日ごとに1度取り替え、その都度丁寧に混ぜる。10日ほどこの作業(夏場は6〜7日)を繰り返し、糠床ができ上がる。

◎ 本漬け

好みの野菜をきれいに洗って水気をふき取り、糠床に漬け込む。野菜が重ならないように入れたら野菜が隠れるように糠を被せて表面を平らにならし、容器についた糠をきれいにふき取る。きゅうりなどは7〜8時間、大根やにんじんなどのかたい根菜は1〜2日ほどで漬かる。漬け時間は好みで加減する。野菜から水分が出て、糠床が緩くなったら米糠を適宜加える。

《 コツ 》 25℃以上になると糠の菌が弱ってくるので、冷蔵庫に入れる。旅行などで長く糠床に触れることができないときは、小分けにして保存袋などに入れて、冷蔵庫に置く。

a

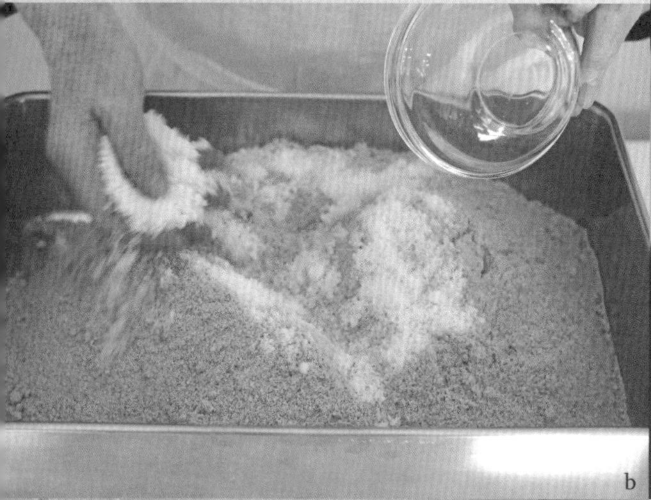

b

c

d

e

f

g

糠床を使って

糠床肉

漬け過ぎると、塩気が強くなってしまうので、漬ける時間は半日ほどが目安。
添え野菜のケールはオリーブオイルを入れた湯で茹でることで油膜ができ、
湯の温度が下がらないので、シャキッと茹で上がります。

材料(2人分)

[糠床肉]
　豚肩ロース肉(とんかつ用)…2枚
　糠床 → P.124 …適量
[マッシュポテト](作りやすい分量)
　じゃがいも(男爵いも)…3個
　牛乳…100〜120ml
　バター…25g
　塩…小さじ1/4
[ソース]
　バター…10g
　赤ワイン…大さじ2と1/2
　シェリービネガー…大さじ2と1/2
　はちみつ 大さじ1/2
紫玉ねぎ…1/4個(薄切りにする)
ケール(または黒キャベツ、小松菜など)
　…適量
オリーブオイル…適量
塩…適量

作り方

1. 糠床肉を作る。豚肉は筋と余分な脂を取り除く。糠床から取り出した糠で豚肉を包むように覆う。角バットに入れてラップを被せ、冷蔵庫に半日ほど置く(写真)。

2. マッシュポテトを作る。じゃがいもは洗い、沸騰した湯で皮つきのままやわらかくなるまで茹で、熱いうちに皮をむいてボウルに入れる。麺棒などで粗く潰してバターを加えて混ぜる。小鍋に牛乳を入れて中火にかけ、沸騰寸前で火を止めてじゃがいものボウルに少しずつ好みのやわらかさになるまで加えて混ぜ、塩で味を調える。ざるで漉すと、さらになめらかに仕上がり、美味しくなる。

3. ケールを茹でる。鍋に湯を沸かし、オリーブオイルと塩各適量を加えて混ぜ、さっと茹でて水気をきる。

4. 豚肉の糠を軽くぬぐう。フライパンにオリーブオイルを中火で熱し、肉と紫玉ねぎを入れる。紫玉ねぎは焼き色がつくまで炒め、豚肉は両面を色よく焼き、器に盛る。

5. ソースを作る。同じフライパンにバターを入れて溶かし、残りの材料を加えて混ぜ、とろりとしたら塩で味を調える。

6. 4の器にマッシュポテトとケールを添え、ソースをかける。

糠床を使って

糠床チーズ

糠床の塩気と香ばしさがチーズによく合います。
食べる際は、糠床を軽くぬぐい、好みの厚さに切り分けます。

材料（作りやすい分量）

セミハードのチーズ（ゴーダチーズなど）…適量
糠床 → P.124 …適量

作り方

1. チーズは糠床から取り出した糠で包むように覆う。角バットに入れてラップを被せ、冷蔵庫に半日ほど置く（写真）。
2. 1の糠を軽くぬぐい、器によそって好みの厚さに切ってそのまま食べる。

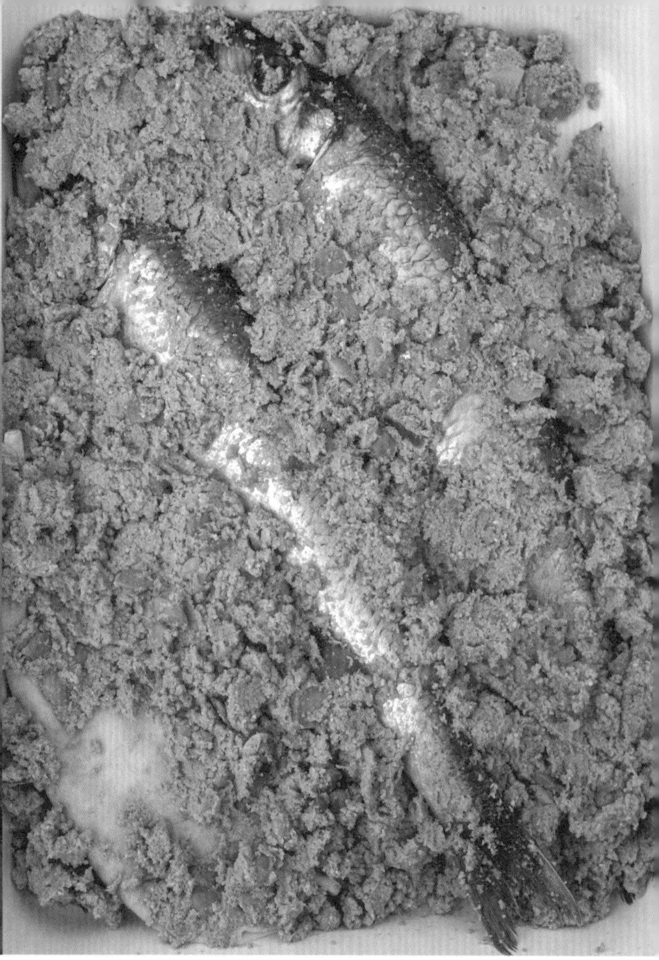

糠床を使って

糠床ニシン

肉同様に、漬け過ぎると塩気と酸味が強くなるので
漬ける時間は半日ほどで十分です。
麹の力で身もやわらかく、しっとりジューシーに。

材料（作りやすい分量）

ニシン…2尾
糠床 → P.124 …適量
塩…適量

作り方

1. ニシンは内臓を取り除き、卵（または白子）を取り置く。塩水で洗い、ペーパータオルで水気をよくふき取る。
2. ニシンに塩をふり、10分ほど置く。ペーパータオルで水気をふき取り、卵（または白子）はガーゼで包む。
3. 糠床から糠を取り出し、2を包むように覆う。角バットに入れてラップを被せ、冷蔵庫に半日ほど置く。
4. 3のニシンと卵（または白子）を取り出し、ニシンは糠を軽くぬぐって魚焼きグリルで両面を香ばしく焼き、卵や白子はフライパンで焼く。

糠床を使って

糠床クッキー

米糠が香ばしく、コーヒーにもお茶にもよく合います。
糠床に残った野菜も混じり、それがまた楽しい、塩気の効いたクッキーです。

材料（直径5cmの丸型・10〜12枚）

はちみつ…40g
菜種油…30g
糠床 → P.124 …50g
全粒粉…50g
薄力粉…50g
カカオニブ…適量
粗塩…適量

作り方

1. ボウルにはちみつを入れ、菜種油を少しずつ加えながら泡立て器で混ぜる。
2. とろりとしてきたら、糠床を加えてゴムベラで混ぜる。
3. 2に全粒粉と薄力粉を加えて混ぜ、ひとつにまとまったらラップで包んで冷蔵庫で30分ほど休ませる。
4. オーブンを170℃に予熱する。
5. 3を4〜5mmの厚さにのばし、直径5cm円形の型で抜く。オーブンシートを敷いた天板にのせてカカオニブと粗塩を散らし（写真）、温めたオーブンで18分ほど焼く。

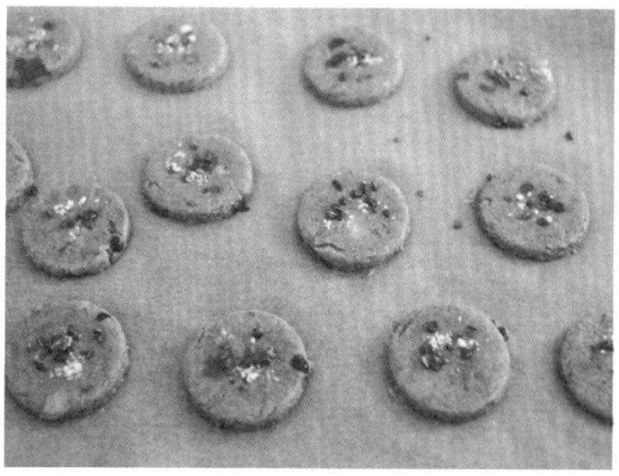

味噌
↓
P・132

味噌は3種類仕込みます。
大豆の味噌に、
黒豆の黒味噌、
粒を残した粒味噌。
黒味噌と粒味噌に使うのは玄米麹。
深く、濃い味になるのが特徴です。
特に粒味噌はコチュジャンと混ぜて使うので、
濃いめの玄米麹が合います。

大事に仕込んだ味噌は一年を通して使います。
塩で蓋をしたあとに、干しなつめをのせるのは
厄除けのおまじない。
韓国では鷹の爪をのせたり、
鶏頭がたくさん咲いている庭に穴を掘り、
その中で味噌を熟成させたりします。
でき上がったあとは発酵しないように
冷蔵庫で保存するのがおすすめです。

《 下準備 》

ホウロウ、または陶製の容器に熱湯を回しかけ、ホワイトリカーや食品用除菌アルコールなどを含ませたふきんなどで全体をふく。

味噌

材料
(作りやすい分量・容器容量4.5ℓ)

大豆(乾燥)…1kg
米麹…1.5kg
塩…400g
炭(10cm)…1本
鷹の爪…2本
干しなつめ…3個

作り方

1. 大豆は水でさっと洗い、3倍量の水に浸し、ひと晩置く(写真 a)。
2. 大豆を浸した水ごと鍋に入れて中火にかける。沸騰したら弱めの中火にして3〜4時間煮る。指で潰れる程度にやわらかくふっくらと煮えたら、ざるに上げて大豆と煮汁を分ける。
3. 煮汁は鍋に戻し入れて半量になるまで煮詰め、粗熱を取る。
4. 大きめの角バット、またはボウルに米麹と塩350gを入れて混ぜ(写真 b)、茹でた大豆を加えてさらに均等になるように混ぜる。
5. すり鉢、またはフードプロセッサーに4を入れてペースト状に潰し(写真 c)、煮詰めた煮汁を適量ずつ加えながら耳たぶ程度のかたさにする(写真 d)。
6. 両手で包める程度のボール状に丸め、ハンバーグを作る要領で空気をしっかり抜く(写真 e)。
7. 容器に6を投げ入れるようにし(写真 f)、隙間ができないように空気を抜きながら詰める。
8. 表面をならし、残りの塩をまんべんなくふる。ホワイトリカー(分量外)を含ませたふきんなどで容器の内側を再度きれいにふき、炭、鷹の爪、干しなつめをのせる。ホコリがはいらないように清潔なガーゼまたは紙などを被せ、蓋をする。冷暗所に置いてひと夏を越して熟成させたら、秋に使い頃になる。

保存期間_ 冷蔵庫で1年以上保存可能。

a

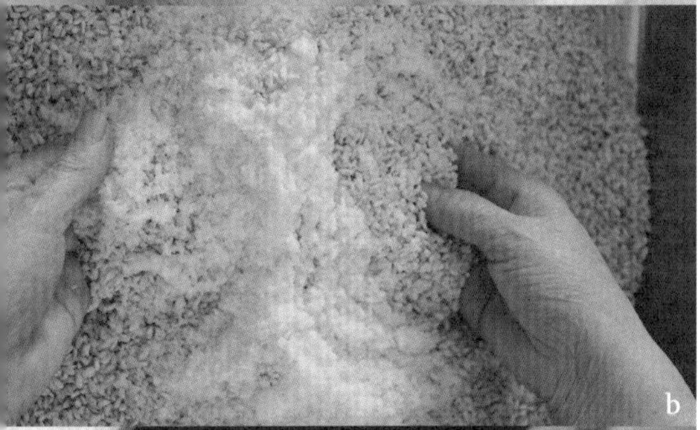
b

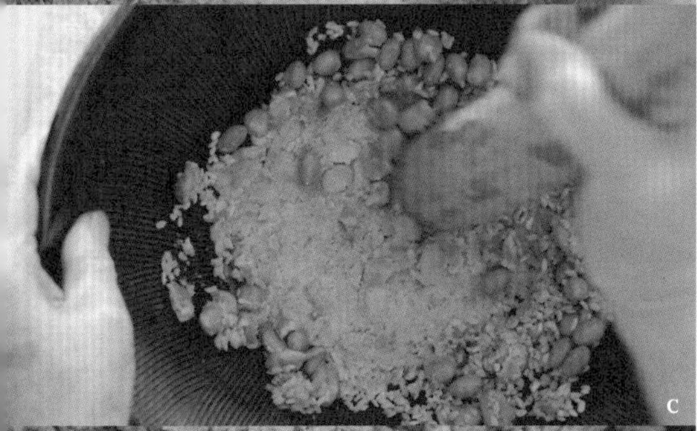
c

d

e

f

黒味噌

材料(作りやすい分量)

黒豆…1kg
玄米麹…1.5kg
塩…400g
炭(10cm)…1本
鷹の爪…2本
干しなつめ…3個

作り方

味噌と同様に作る。

保存期間_ 冷蔵庫で1年以上保存可能。

粒味噌

材料(作りやすい分量)

大豆(小粒)…500g
玄米麹…750g
塩…200g
炭(10cm)…1本
鷹の爪…2本
干しなつめ…3個

作り方

味噌と同様に作るが、大豆の半量を潰し、残りは粒のまま漬けて熟成させる。

保存期間_ 冷蔵庫で1年以上保存可能。

チョングッチャン

チョングッチャンは、大豆を発酵させた味噌の一種。
納豆のような粘り気と香りで、これを材料にしたスープも同じく、
「チョングッチャン」と呼ばれます。
スープのほか、炒め物に加えたり、黒豆で作れば豆豉のような風味に。
藁は精米店やホームセンターで手に入れることができます。

保存期間_
冷蔵庫で1週間保存可能。使う分量ずつラップで包み（写真）、冷凍庫で1か月保存可能。

材料（作りやすい分量）

大豆（乾燥）…300g
粉唐辛子（粗挽き）…小さじ1
塩…小さじ1/2
藁…ひとつかみ

作り方

1. 大豆は水でさっと洗い、3倍量の水に浸してひと晩置く。大豆を漬け汁ごと鍋に入れて中火にかけ、沸騰したら弱めの中火にして3〜4時間煮る。指で潰れる程度にふっくらとやわらかく煮えたら、ざるに上げて水気をきる。
2. 清潔な乾いたふきんなどを敷いた盆ざるに藁適量を広げ、1の大豆をのせて残りの藁をいくつか束ねたものを均等にのせる。清潔な乾いた布などで何重かに包み、暖かい場所（25℃前後）に丸1日置く。
3. すり鉢に入れ、粉唐辛子と塩を加えて半分程度に潰し、清潔な保存容器に入れる。

チョングッチャンを使って

チョングッチャン（チゲ）

チョングッチャンを使った韓国のチゲは、
そのままチョングッチャンと呼びます。
韓国では専門店もあるほどのソウルフードで
2週間ほど漬けた酸味のあるキムチを使うと美味しいです。

材料（作りやすい分量）

牛切り落とし肉…150g
木綿豆腐…100g
白菜キムチ → P.139 …100g
韓国かぼちゃ（またはズッキーニ）…4〜5cm
玉ねぎ…1/2個
長ねぎ…1/3本
チョングッチャン → 上記 …100g
味噌…大さじ1
白炒りごま…大さじ1（半ずりする）
だし汁（いりこ）…2カップ
酒…大さじ1
粗挽き黒こしょう…少々
ごま油…大さじ1

作り方

1. 木綿豆腐と白菜キムチは食べやすい大きさに切る。韓国かぼちゃは1cm幅の半月切り、玉ねぎは横半分に切って薄切りにする。長ねぎは5mm幅の斜め切りにする。
2. ボウルに牛肉、酒、粗挽き黒こしょうを入れ、肉をほぐすように混ぜる。
3. 鍋にごま油を中火で熱し、2とキムチを加えて炒める。肉に火が通ったら、だし汁を注ぐ。ひと煮立ちしたら、1の韓国かぼちゃ、玉ねぎ、長ねぎを順に加えて火が通るまで煮る。豆腐、チョングッチャン、味噌、ごまを加え、豆腐が温まるまで煮る。

菊芋、紫キャベツ、ざくろのキムチ

ざくろの酸味がアクセントに効いているので、
洋風のつけ合わせにも。
ローストしたチキンやステーキに添えても美味しいです。

材料（作りやすい分量）

菊芋…250g（正味）
塩…7.5g（菊芋の重量の3%）
紫キャベツ…100g（正味）

A
- 塩…3g（紫キャベツの重量の3%）
- 酢…小さじ1/2

B
- 粉唐辛子（粗挽き）…大さじ1と1/2
- にんにくのすりおろし…1/4かけ分
- しょうがのすりおろし…小さじ1/4
- 白炒りごま…大さじ1/4（半ずりする）
- キャラウェイシード…小さじ1/2

ざくろ…1/3個
ディル…適量

作り方

1. 菊芋はきれいに洗い、皮つきのまま小さめのひと口大に切る。ボウルに入れて菊芋の重量の3%の塩を量って加え、さっと混ぜる。30分ほど置いてざるに上げて水気をきる。
2. 紫キャベツはせん切りにする。Aとともに別のボウルに入れて30分ほど置き、ざるに上げて水気をきる。
3. ざくろは実を取り出し、ディルは葉をつむ。
4. 1、2、3を合わせてBで和え、30分ほど置く。

保存期間_ 清潔な保存容器に入れ、冷蔵庫で10日保存可能。

ザワークラウト

塩をすり込んで30分ほど置いて茹でた丸鶏に添えても。
色鮮やかなな紫キャベツはマリネやサラダに。

材料（作りやすい分量）

キャベツ（または紫キャベツ）…500g
塩…10〜15g（キャベツの重量の2〜3%）
キャラウェイシード…大さじ1
ローリエ…1〜2枚
鷹の爪…1〜2本

作り方

1. キャベツは細切りにしてボウルに入れる。キャベツの重量の2〜3%の塩を量って加え、さっと混ぜる。
2. キャラウェイシード 、ローリエ、鷹の爪を加えて混ぜ、軽い重石をしてひと晩置く。
3. 清潔な保存瓶に出てきた水分ごと入れ、1週間ほど常温に置く。

保存期間_ 冷蔵庫で1か月保存可能。

にんじんと金柑のラペ

風邪予防によい金柑とにんじんを合わせたラペ。
ディルなどのお好きなハーブを加えてアレンジしても。

材料（作りやすい分量）

にんじん…2本
金柑…10個
赤ワインビネガー…大さじ3
オリーブオイル…大さじ2
キャラウェイシード…大さじ1
塩…小さじ1

作り方

1. にんじんは皮をむいて5〜6cm長さのせん切りにする。あればスライサーでせん切りにする。
2. ボウルににんじんと塩を入れてさっと混ぜ、15分ほど置く。
3. 金柑は1cm幅の輪切りにし、竹串で種を取り除く。
4. 2のにんじんに金柑を加え、赤ワインビネガー、オリーブオイル、キャラウェイシードを加えて和える。

保存期間_　清潔な保存容器に入れ、冷蔵庫で1週間保存可能。

コールラビと洋梨のカクテキ

コールラビのさっぱりとした甘みに
洋梨のねっとりとした甘さを組み合わせたキムチです。

材料（作りやすい分量）

コールラビ…500g（正味）
洋梨…1個
せり…1/3束
塩…15g（コールラビの重量の3%）

A
- 粉唐辛子（粗挽き）…大さじ3
- にんにくのすりおろし…1/2かけ分
- しょうがのすりおろし…小さじ1/2
- りんごのすりおろし（あれば梨のすりおろし）…1/4個分
- 白炒りごま…大さじ1（半ずりする）
- あみの塩辛…大さじ1（細かく包丁でたたく）

作り方

1. コールラビは皮をむき、1.5cm角に切る。ボウルに入れてコールラビの重量の3%の塩を量って加え、さっと混ぜる。皿などの軽い重石をして30分ほど置き、ざるに上げて水気をきる。
2. 洋梨は皮をむいて芯と種を取り除き、コールラビと同じ大きさに切る。せりは3cm幅に切る。
3. ボウルにコールラビ、洋梨、せりを入れ、Aを加えてさっと和え、30分ほど置く。

保存期間_　清潔な保存容器に入れ、冷蔵庫で10日保存可能。

白菜キムチ

白菜は包丁で切ると、真ん中の黄色い美味しいところが
取れてしまうので手で割きましょう。
天日で干すことでしんなりとして扱いやすくなり、さらに甘みが増します。
白菜は、塩漬け後の本漬けでさらに水分が出るので、
少し塩辛い程度の塩分量がおすすめです。

◎ 塩漬け

材料
(作りやすい分量・容器容量7 ℓ、重石2.5〜3kg)

白菜…1/2個(1.3〜1.5kg)
塩…65〜75g(白菜の重量の5%)

作り方

1. 白菜は根元に切り込みを入れ、手で半分に割く(写真 a)。
2. 半分に割いた白菜を盆ざるなどにのせ、天日で3〜4時間干す。
3. 干した白菜を水で洗い、水気をきる。
4. ボウルに水1カップほどを入れ、白菜の重量の5%の塩を量る。そこから適量取って水に混ぜ、その塩水に洗った白菜をくぐらせる(写真 b)。
5. 水気を軽くきり、残りの塩を外側の葉から1枚ずつふる。芯の部分は強めに、葉の部分は手に残った塩を馴染ませる程度にふる(写真 c)。
6. 容器に白菜の葉と根元が交互になるように重ねて入れる(写真 d)。4 の塩水も加えて重石をして7〜8時間置く(写真 e)。2〜3時間して白菜から出た水分が白菜の高さの半分まで上がってきたら白菜の上下を返す。

a

b

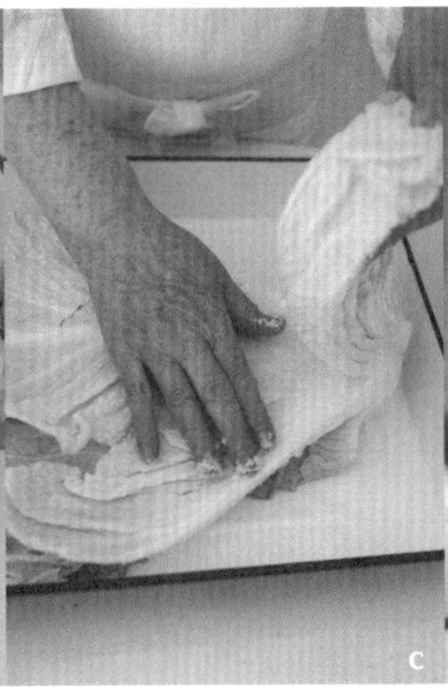
c

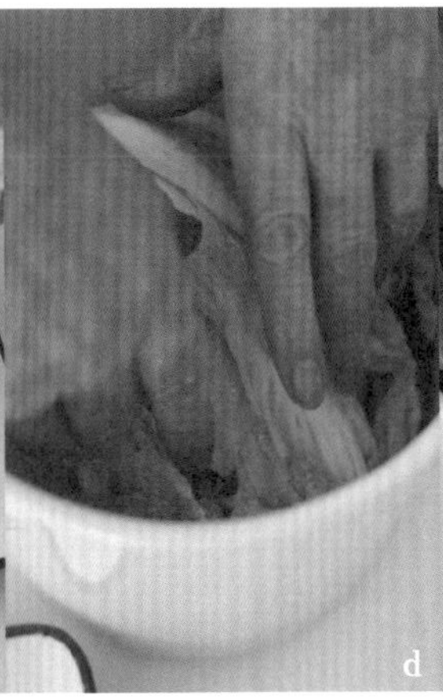
d

e

◎ 本漬け

材料（白菜1/2個の塩漬け分）

大根…150g
にんじん…30g
小ねぎ…1/3束
せり…1/2束
［キムチヤンニョム］
　煮干し…30g
　昆布（10cm）…1枚
　もち粉（または白玉粉）…大さじ1
　はちみつ…大さじ2
　にんにくのすりおろし…2かけ分
　しょうがのすりおろし…20g
　韓国産乾燥唐辛子…適宜
　粉唐辛子（粗挽き）…80g
　あみの塩辛…60g
　りんごのすりおろし
　　（あれば梨のすりおろし）…1/2個分
　白炒りごま…大さじ1

保存期間_
冷蔵庫で2～3週間保存可能。

作り方

1. 白菜の水分が白菜に被る程度まで十分に上がってきたら（写真a）、本漬けに移る。水で洗い、味を確認して塩辛いようならもう一度洗う。

2. 漬けた白菜を容器の縁に掛け、水気を2～3時間しっかりきる（写真b）。

3. キムチヤンニョムを作る。鍋に煮干し、昆布、水2カップ（分量外）を入れ、1時間ほど置いて中火にかける。煮立ったら昆布を取り出し、アクを除きながら10分ほど煮る。

4. 3をざるで漉し、だし汁を鍋に戻し入れて弱火にかける。大さじ2ほど取り分けてもち粉と混ぜ、鍋に戻す。とろみが出て、フツフツと煮立ってきたら火を止め、はちみつを加えて混ぜる。

5. あれば韓国産乾燥唐辛子2本を2～3cm幅に刻み、4に浸す。水分を含んだら、すり鉢に入れてすり潰し、にんにくとしょうが、粉唐辛子、あみの塩辛、りんご、ごまを加えてすり混ぜる（写真c）。日本の鷹の爪は辛いので、韓国産の唐辛子が手に入らなければ入れなくてもよい。

6. 大根とにんじんは皮をむき、4～5cm長さのせん切りにする。ボウルに入れ、塩小さじ1（分量外）を加えて軽くもむ。水気が出てきたら、軽く絞る。小ねぎとせりは3cm幅に切る。

7. 5に6の野菜を加えて混ぜる（写真d）。

8. 水気をしっかりきった白菜に7を挟んでいく。外側から葉を1枚ずつ広げ、根元部分に多めに、葉に向かって少なくなるように7をまんべんなく丁寧に挟む（写真e）。すべての葉に挟み終わったら、いちばん外側の葉で全体を丸く包む。

9. 閉じ目を下にし、容器に詰める。表面にラップを被せて蓋をし、半日ほど常温に置く。

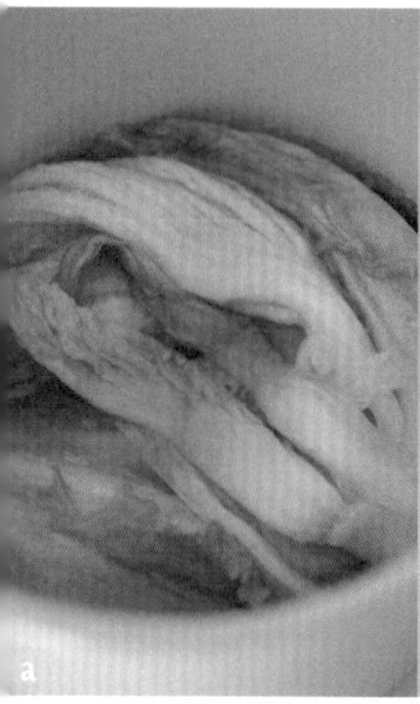
a

b

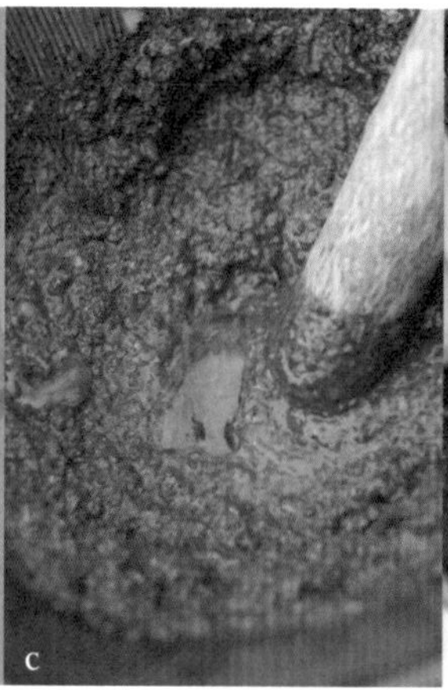
c

d

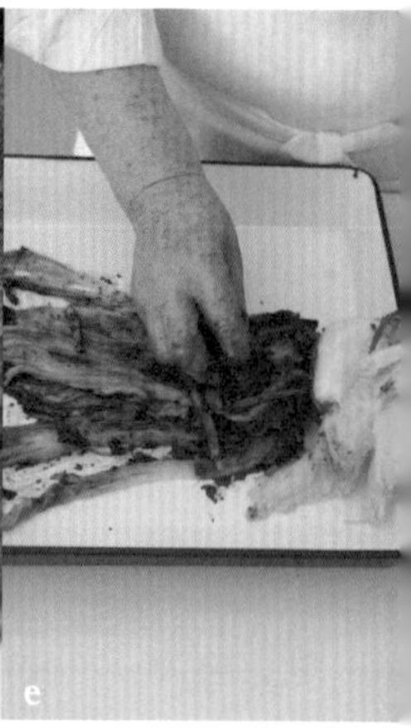
e

伝統コチュジャン

材料(作りやすい分量)

麦芽…300g
もち米…2合
豆麹…100g
粉唐辛子(細挽き)…160g
塩…50g

*韓国では砂糖やはちみつの代わりにモルトシロップを甘味料として使います。優しい甘みとパンのような香ばしい香りが特徴です。

保存期間_
冷蔵庫で3か月、冷凍庫で1年間保存可能。

作り方

1. モルトシロップ*を作る。麦芽はボウルに入れ、たっぷりの水を注いで2〜4日置く(写真a)。1mmほど芽が出たらざるに上げ、ボウルを下に重ねて黒い布などを被せ、1日3〜4回水をかける(写真b)。下に溜まった水はその都度捨てる。1cmほど芽が伸びたら、盆ざるの上に広げて完全に乾くまで2日ほどしっかり乾燥させ、フードプロセッサーで粉状に攪拌する(写真c)。
2. もち米は洗ってたっぷりの水に1時間ほど浸す。ざるに上げて水気をきり、炊飯器で炊く。
3. 鍋に1、2、水7と1/2カップを注いで人肌程度を保ちながら、10分ほど煮る。火を止め、さらに人肌程度を保ちながら5〜6時間置いて糖化させる(写真d)。炊飯器の保温機能やヨーグルトメーカーなどを使ってもよい。
4. 3を麻袋に入れてもんで漉し(写真e)、再度鍋に戻し入れ、半量程度になるまで煮詰めたら、モルトシロップのでき上がり(写真f)。
5. 豆麹はフードプロセッサーで粉状に挽く。
6. 4のモルトシロップに豆麹、粉唐辛子、塩を加えて混ぜ合わせ(写真g)、清潔な保存容器に入れる。

a

b

c

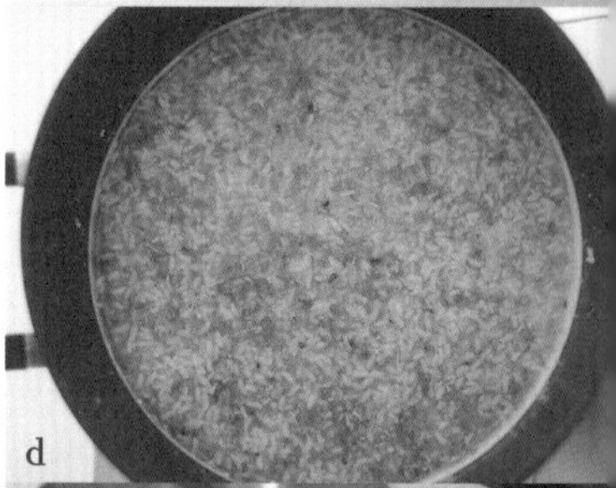
d

e

f

g

伝統コチュジャンを使って

薬コチュジャン

コチュジャンで作った韓国の肉味噌。
はちみつや松の実など、身体によいものを
加えることから、薬コチュジャンと呼ばれます。

材料(作りやすい分量)

牛もも薄切り肉…100g
伝統コチュジャン → 上記 …1/2カップ
りんごのすりおろし…1/2個分
はちみつ…大さじ2
松の実…適量
ごま油…大さじ1
A
- 長ねぎのみじん切り…大さじ2
- にんにくのすりおろし…小さじ1/2
- しょうがのすりおろし…小さじ1/2
- 酒…大さじ2
- しょうゆ…少々

作り方

1. 牛肉は包丁で細かくたたき、合わせたAをもみ込んで10分ほど置く。
2. フライパンにごま油を中火で熱し、1を炒める。色が変わったら、伝統コチュジャン、りんご、はちみつを加えてひと煮立ちさせる。粗熱が取れたら、清潔な保存容器に入れて松の実を散らす。

保存期間_ 冷蔵庫で1週間保存可能。

手間はかかりますが、手作りのコチュジャンは、
甘みもまろやかで深みがあります。
紹介するのは砂糖を使わず、麦芽で作った
自家製のモルトシロップを使った伝統的な作り方です。
寝かせるほどに熟成が増し、
さらに深く、辛さがやわらかくなります。
好みでしょうゆの風味を足したり、
日持ちを目的として焼酎適量を加えることがあります。
コチュジャンで作る薬コチュジャンを
葉野菜にご飯と一緒に包むだけで、
最高に美味しいご飯になります。

李 映林　Lee Eirin

韓国済州島出身。海に囲まれ、新鮮な魚介、柑橘など食材豊かな環境で育つ。持って生まれた鋭い味覚とセンスで伝統的な韓国料理を紹介するとともに、新しい味を探求しながら食文化を通し、日本と韓国の懸け橋として日々活躍している。料理を通じ、身体と心の健康を呼び覚まし、笑顔溢れる食生活を提案するのが信念。また、娘のコウ静子氏、息子のコウケンテツ氏もともに、人気料理研究家として活躍中。

撮影　在本彌生
装幀　岡村佳織
編集　小池洋子(グラフィック社)

李 映林、季節の仕込みもの

2020年5月25日　初版第1刷発行

著者／李 映林
発行者／長瀬 聡
発行所／株式会社グラフィック社
〒102-0073 東京都千代田区九段北1-14-17
tel.03-3263-4318(代表)／03-3263-4579(編集)
郵便振替 00130-6-114345
http://www.graphicsha.co.jp
印刷・製本／図書印刷株式会社

ISBN978-4-7661-3356-1 C2077